于丹——《论语》感悟

于丹 著

北京联合出版公司
Beijing United Publishing Co., Ltd.

图书在版编目（CIP）数据

于丹：《论语》感悟 / 于丹著 . —北京：北京联合出版公司，2016.11（2017.10 重印）

ISBN 978-7-5502-9215-4

Ⅰ . ①于… Ⅱ . ①于… Ⅲ . ①儒家 ②《论语》—研究 Ⅳ . ① B222.25

中国版本图书馆 CIP 数据核字（2016）第 256574 号

于丹:《论语》感悟

作　　者：于　丹
责任编辑：夏应鹏　李　红

北京联合出版公司出版
（北京市西城区德外大街 83 号楼 9 层　100088）
北京市雅迪彩色印刷有限公司印刷　新华书店经销
字数：214 千字　700 毫米 ×980 毫米　1/16　印张：17
2016 年 12 月第 1 版　　2017 年 10 月第 4 次印刷
ISBN 978-7-5502-9215-4
定价：39.80 元

目录

contents

001 · 不负初心

005 · 孝敬之道

033 · 智慧之道

059 · 学习之道

087 · 诚信之道

109 · 治世之道

135 · 忠恕之道

161 · 仁爱之道

191 · 附录一 本色于丹

229 · 附录二 《论语》原文

265 · 出版缘起

自2006年国庆长假在百家讲坛讲完《〈论语〉心得》之后，我又在2007年春节讲了《〈庄子〉心得》，2008年国庆讲了《〈论语〉感悟》。流光荏苒，再回首时，世界和人心都有了许多变化；而自万古观之，还是恒久不变的东西更多。

我的家也还是原来的模样。阳光灿烂的周末早晨，带着女儿一起读《论语》，我俩坐在沙发上，姥姥在餐桌旁翻着报纸，祖孙三代，一壶淡茶。女儿抱着一个洗旧了颜色的绒毛鸭子，书架在鸭子头顶，童声朗朗。一瞬间，我清晰地看见当初为讲《论语》备课时，这个当时还是簇新的绒毛鸭子也放在这个沙发上，不满一岁的女儿粉嘟嘟地坐在玩具堆里，和鸭子差不多大小，我常常开玩笑地对客人们说："会动的那个是我女儿。"

"妈妈，我能问你一个深奥的问题吗？"

我从恍神儿中被拉回来："什么问题？"

"这个世界公平吗？"

"不公平，孩子。"

"那，孔子在的时候就教人'日三省乎己，治国道之以德'，为什么到今天还有好人受冤枉？报纸、电视上还有那么多不公平？"

这真的是一个深奥的问题。

中国的今天不够公平，全人类的今天也不够公平，为了谋求最大公平而努力，人们一刻也没有停止过。大家都在寻找一种共同的公约默契，也都在本土寻求着各自的制度出路，问道自己的先贤，从自己的文化基因里探寻着这个民族安身立命的核心价值。孔子和庄子连始皇帝统一中国都不曾见到，他们更不知道互联网和众筹，但他们仍然是千古风尘之前，站在文明肇始之缘的那个坐标，他们的言语里藏着我们价值基因的秘密。尽管，孔子简约到述而不作，庄子汪洋恣肆到无端崖之辞，简与繁，殊途而同归。

“妈妈，那你说为什么孔子今天还能帮到我们？”女儿给姥姥送了杯茶，又从餐桌上端回一盘姥姥刚切好的水果。

“孔子肯定不能像‘百度作业帮’那样帮你找到直接的答案，他帮我们的是认清楚一些根本问题。”

“什么才是根本的问题？”

“你觉得《论语》里什么是根本问题呀？”

孩子想了想，清亮地背出“君子务本，本立而道生。孝弟也者，其为仁之本与”。

——为什么一个从小去教堂的西方孩子的惊叹词会是“Oh, My God”！而一个中国孩子绊个趔趄都会本能地喊“哎呀，我的妈呀”！中国传统家族中的信任几乎等于西方宗教中恒久的神——我搂着孩子的小肩膀，看着笑眯眯的老妈妈，满心感慨。

约定俗成的表现，大多来自文化基因。中国文化中强大的伦理性价值，也许就是我们今天安顿于仓皇万变中的不变之本。农耕时代的中国人，始终有份乡土中的默契：即使是不识文断字，也得通情达理，国有国法，家有家规，门风不正就会败家。从贵胄到平民，长幼有序，图的就是家和万事兴。

“妈妈，那咱们平时还说‘我的天啊’，这又为什么呀？”

“中国人的‘天’可不是简单的sky，这里有天道，有天时，人也得守着天良。想想老子怎么说人跟天地的关系来着？”

女儿会背“人法地，地法天，天法道，道法自然”，但是作为一个城里长大的孩子，她见过的庄稼还没有园林绿地多。

“妈妈，那你给我讲讲老子和庄子吧。”

“这个太难了，你再长大点儿咱们再讲吧。”

“不难！妈妈你看大鹏鸟和蓬间雀的对话，还有庖丁解牛的故事我都知道！”

是啊，我们从小都知道的故事，却要用一生去参悟，越成长，越觉得参不透。写完《〈庄子〉心得》之后的这八年间，我看过多少蜗牛犄角里利益的厮杀纷争，听过多少蓬间雀对世相的议论，也看过了多少缄默不语的大鹏襟怀，始知摸索人间世的规则，比认清一头牛的骨骼肌理难得太多。

唯有敬畏。以一生的时光浸润在文化川流中，愿年华渐长，可以渐次接近文而化之的境界。

《周易》有言：“观乎天文以察时变，观乎人文以化成天下。”这种化育世道人心之“文”，也许才是中国文明生生不息的真正意义所在。

一代大儒汤一介先生，即使在恶疾缠身的最后时光里，也一刻都没有停下为“返本开新”的文化理想而努力。卷帙浩繁的《儒藏》，心血累积，一点点呈现出有序的模样。汤先生在一次疾病晚期住院化疗的前夜，研墨拂纸，写下“观乎人文以化成天下”，交由乐先生郑重转交于我，我将此作为先生的殷殷托付。我看到汤先生辞世前的最后一段录像，就是先生沉静坚定地又一次诵读了宋儒张载的名言：“为天地立心，为生民立命，为往圣继绝学，为万世开太平。”

返本问道，可以探寻孔子与庄子的精神气象，远在悠悠千古之前。

倘若我们后辈子孙真从他们的身上领悟了智慧，那是先贤文化血脉的传承；倘若我们偏执一端，一味忽略着甚至批判着他们，他们也依旧站在文明的滥觞之缘，不改缄默微笑。而开新宏愿，还靠更多愿意文而化之的天地之心。

流光无痕，人心有信。孔子称“人能弘道，非道弘人”。这份民族文化的初心一直还在，两千多年的浮沉，经历过太多坎坷困顿，但基因就是基因，但凡对这个民族文化有信、有爱的后辈子孙，总还是能从孔子、庄子的传世箴言中触摸到一团真气，从往昔中清晰辨识出中华文明的未来。

孝敬之道

父母之年不可不知也一则以喜一则以惧

《论语》的朴素和温暖，就在于里面不仅有天下大道之志，更重要的是它永远不失去脚下朴素的起点。

孝敬之道就是这种朴素的起点。

我们今天已经远离了产生孝道的宗法社会。在现代社会中，父子的关系已经不存在跟君臣关系的对应，那么，是不是可以说，“孝”已经过时了？

是不是在今天这样一种人人平等、法律公平的社会里，“孝”就不是做人的根本了呢？

一本《论语》捧在手里，我们说它是朴素的、温暖的，那么它的朴素和温暖体现在什么地方呢？

《论语》的朴素和温暖，就在于里面不仅有天下大道之志，更重要的是它永远不失去脚下朴素的起点。

也就是说，《论语》告诉我们修养身心的道理，并且会给出一条脚下的路，让我们抵达自己的理想。

孔子和他的学生有很多日常的问答。有一天，颜回、子路跟老师在一起聊天，老师说："你们每个人都说说自己的志向吧！"

子路说："我的志向就是，衣服、车马这些好东西，与朋友一起享用，用坏了也没有什么抱怨。这就是我的志向。"

颜回说："我的志向呢，就是一个人不经常夸耀自己，也不经常宣扬自己的功劳，能够做到很谦逊就可以了。”

这个时候，学生们发现老师还没有说话。子路就对老师说:“希望听听老师您的志向。”

孔子呢，就淡淡地说出了自己对人格理想的描述，很简单，就三句话:“老者安之，朋友信之，少者怀之。”(《论语·公冶长》)

孔子的志向就是希望做到能够让老人得到安顿，让朋友对自己信任，让年轻人对自己怀念。

我们想一想，每个人在这个世界上都不可能摆脱跟三种人的关系，那就是我们的长辈——生我养我的父母，我们的平辈——一生相随相伴的朋友，我们的晚辈——自己的儿女。

孔子先不去谈我要怎样建设家国社稷，怎样建立多少功勋，而是说让我的老人都可以安顿好，让我的朋友对我可以信任、托付，让孩子们觉得我这个人是值得追慕、缅怀的。如果我的存在能够让这三种人心中有这样的种种寄托，也就够了。

在这里面，摆在第一位的是“老者安之”。

我们都在说，中华民族有一种美德叫孝敬，但是，我们理解什么是真正的孝吗?

一个“安”字容易做到吗?让老人外在得以安其身，内在得以安其心，可能每一个儿女都有自己的做法，但真正能够做好却很不容易。

中国民间有个说法，叫作“百善孝为先”。一切善行都是从孝开始做起，因为这是人生中最深刻的亲情，人人不可回避。

在孝顺这件事上，民间还有一个说法，叫作“论心不论迹”。我们知道，不一定每一个孝子都有充足的钱财和很高的地位，能够按照他的梦想把爱折合成一种物质条件给他的父母。有时候一个很深刻的心愿，但是做起来却只是一件很朴素的小事，小到微乎其微。

对老人的这种安顿，也许我们可以有种种标准，如买多大的房子，买什么样的车，带老人去什么地方旅游，让他穿什么样的衣裳，有什么样的饮食，但是这些能让老人真正心安吗？

很多学生曾经问过孔子，什么叫作“孝”？“子游问孝。子曰：‘今之孝者，是谓能养。至于犬马，皆能有养；不敬，何以别乎？’”（《论语·为政》）子游去问老师：“什么叫作孝啊？”老师说：“现在所谓的孝，就是说能养活自己的老人就行了。但是，这真的就是孝吗？”

孔子接着反问：“你看狗马这些动物都能够得到饲养，如果你只是做到让父母衣食无忧，但你对他们没有发自内心的尊敬，那么这跟饲养狗马有什么区别呢？”

“子夏问孝。子曰：‘色难。有事，弟子服其劳；有酒食，先生馔，曾是以为孝乎？’”（《论语·为政》）这里孔子又是一个反问句：“曾是以为孝乎？”你竟然认为这是“孝”吗？

子夏问老师什么叫“孝”。孔子又说了一种现象，他说，做子女的要尽到孝，最不容易的就是对父母和颜悦色。你看看今天所谓的孝，就是有一些要做的事情，孩子们都会

子游问孝。子曰：“今之孝者，是谓能养。至于犬马，皆能有养；不敬，何以别乎？”
——《论语·为政》

抢着去干；在一个物质条件不是很丰富的情况下，尽量做到让长辈有吃有喝。但是，这样做竟然可以算“孝”吗？

子游问“孝”，子夏问“孝”，老师都铺陈了一些大家普遍认为是“孝”的行迹：去好好地做事，养着父母，有什么好吃好喝的让父母先吃先喝，有什么劳顿自己先担当，这些行为大家都认为是孝了。但是，孔子都要反问一句：这些跟饲养狗马有什么区别？这些真是孝吗？

孔子的反问令人深思。中国人常常将“孝”和“敬”连用，孝敬孝敬，孝为行，敬为心，关键是我们的心中对父母有那份深深的敬吗？

今天是生活节奏加快的时代，儿女们总是太忙太忙了。

面对父母，今天的儿女应该要问问自己：如何让老人因为有自己这个孩子而得到安顿，我们怎样做到真正的孝？

今天我们总在说，孝敬是一种美德。但是，它不是一种本能。我们反过来说一个命题，就是父母对孩子的爱，有人说过那是美德吗？没有，因为那是近乎本能。

这个世界上，生物之爱都存在这样一个现象，这个现象很美好，但也近乎残酷：所有的爱都是下行的，也就是父母对儿女的爱。对父母来说，儿女是自己身上掉下来的肉，所以父母怎么尽心都不为过。

我们看到很多故事，比如孩子得了病，父母守在手术室外面，说把我的肝脏移植给他吧，把我的肾脏移植给他吧。我想，如果能移植心脏，那可能十个妈妈里面有九个都愿意。

但是，我们去找找儿女为父母做过什么的故事，可能远远少于父母对儿女付出的故事。

怎么理解我们做到的孝，让我们从孔子的这两个反问句开始：我能养活父母了，是孝吗？我凡事抢着做，让父母有衣有食，是孝吗？那我们先来看看，父母对孩子这一生来说又意味着什么？

有这样一个故事，说有一个小男孩，他从小就在一棵大树旁边玩儿。他特别喜欢这棵树。这是一棵大苹果树，长得很高，很茂盛，还有很多甜美的果子。

这孩子天天围着树，有时候爬到树上摘果子吃，有时候在树底下睡觉，有时候捡树叶，有时候他也拿着刀片、瓦片在树身上乱刻乱画。这棵大树特别爱这孩子，从来也不埋怨他，就天天陪他玩儿。

玩着玩着，孩子长大了，有一段时间他不来了。大树很想他。过了很久，他再来的时候，已经是一个少年了。大树问孩子："你怎么不跟我玩儿了？"这孩子有点不耐烦，他说："我已经长大了，不想跟你玩儿，我现在需要很多高级的玩具，我还要念书，还得交学费呢。"

大树说："真对不起，你看我也变不出玩具，这样吧，你可以把我所有的果子都摘去卖了，你就有玩具、有学上了。"这孩子一听就高兴了，把果子都摘了，欢欢喜喜地走了。

就这样，每年他都是在摘果子的时候匆匆忙忙来，平时都没有时间来玩儿。等到他读书以后，又有很长时间不来了。再过一些年，这孩子已经长成一个青年，他再来到树下的时候大树更老了。

大树说:“哎呀,你这么长时间不来,你愿意在这儿玩会儿吗?”孩子说:“我现在要成家立业了,我哪儿有心思玩啊?我连安家的房子还没有呢,我也没有钱盖房子呀。”

大树说:“孩子,你千万不要不高兴,你把我所有的树枝都砍了就够你盖房子了。”这孩子高兴起来了,把树枝都砍了,就去成家了。

这样又过了很多年,这孩子再来的时候,已经是中年人了,这大树已经没有果子也没有树枝了。孩子还是不高兴,一个人心事重重地徘徊在树下。

这孩子说:“我现在长大了,念完书,也成家了,我得在世上做大事。这世界上的海洋这么浩瀚,我要去远方,可我连只船都没有,我能去哪儿啊?”

大树说:“孩子,你别着急,你把我的树干砍了你就可以做船了。”这孩子一听很高兴,砍了树干,做了一条大船出海去了。

又过了很多年,这棵大树只剩下一个快要枯死的树根了。这时候,这个孩子回来了,他的年纪也大了。

他回到这棵树边的时候,大树跟他说:“孩子啊,真对不起,你看我现在没有果子给你吃了,也没有树干给你爬了,你就更不愿意在这儿跟我玩了吧?”

这孩子跟大树说:“其实我现在也老了,有果子我也啃不动了,有树干我也不能爬了,我从外面回来了,我现在就是想找个树根守着歇一歇,我累了,我回来就是跟你玩的。”

这个老树根很高兴，他仿佛又看见孩子小时候的样子了。

这个故事，其实说的就是我们的父母和我们自己的一生。

老树就是我们的父母，我们都是在树下玩大的孩子。我们每个人都体会过这样的一种成长，在父母身边长大，走向社会。但为什么人到最后才会归来呢？这就是平时经常说的“不养儿不知父母恩”，真到自己当了父母的时候才知道自己的父母有多不容易。

可是，真等到我们回到树根边的时候，心里就会有太多的遗憾，有很多能做的事情我们已经错过了。然而，父母跟我们很少计较。

这个故事听起来好像很残酷，但儿女的一生，不就是从父母身上获得了那么多的东西吗？父母付出的是他

陈传席《盘曲孤贞更出群》（局部）

宰我问："三年之丧，期已久矣。君子三年不为礼，礼必坏；三年不为乐，乐必崩。旧谷既没，新谷既升，钻燧改火，期可已矣。"

子曰："食夫稻，衣夫锦，于女安乎？"

曰："安。"

"女安，则为之！夫君子之居丧，食旨不甘，闻乐不乐，居处不安，故不为也。今女安，则为之！"

宰我出。子曰："予之不仁也！子生三年，然后免于父母之怀。夫三年之丧，天下之通丧也。予也有三年之爱于其父母乎？"

——《论语·阳货》

们生命中最宝贵的爱。

为什么孝敬是一种要大力提倡的公共美德，而不是每一个个人的生命本能呢？同样是血缘，为什么下行的爱如此自觉，如此浓烈，而上行的爱有时候却显得勉强呢？

我很喜欢《论语》里面孔子用的那两个反问句。做到这些真的就叫孝吗？这样一问，让我们警醒。

孔子是个宽和的人，他不是特别要求所有人都必须怎么做，包括他最看重的那些礼仪。有一次，宰我跟老师说："为父母守丧，一守就是三年，好像太长了。君子三年不讲习礼仪，礼仪必然败坏；三年不演奏音乐，音乐就会荒废。旧谷吃完，新谷登场，刚好是一年的时间；钻燧取火的木头四季都用不同的材料，一年也就轮过一遍。那为什么我们的服丧期非得三年，而不是一年呢？"

孔子就问他："如果你服丧才一年，你就吃精米白面，你就穿绫罗锦缎，你自己觉得心安吗？"

宰我说："我心安啊，没什么不安。"孔子就告诉他："女（汝）安，则为之！"（《论语·阳货》）如果你自己觉得心安的话，你就可以这么做，没有什么，不必特别地刻意。

宰我走了，他出去以后老师就很感慨。孔子说："宰我还是做不到仁啊！一个孩子出生以后，要三年才能完全脱离父母的怀抱，所以替父母守丧三年，是天下的通例啊。难道宰我就没有从他父母那里得到三年怀抱的爱护吗？"

一个小孩子出生以后，父母们都手里怀里抱着，呵护之至，抱到三岁，有的父母还很惆怅，说孩子要长大了，以后我就抱不着他了。很少有父母抱孩子到一周岁就烦了，说我抱你什么时候到头，我还要抱你两年，太烦了吧。但是，孩子长大以后，为父母守丧守到一年就有人觉得烦了。

孔子对宰我的言行没有横加干涉，他只是推测宰我幼年的经历可能不完美。我们看到，在孔子那里，三年之丧与三年之爱是相对应的关系，父母对子女是爱护，子女对父母是孝敬。

这个世界上没有一种孤立的现象，也没有一种孤立的标准。我们都在用自己的心去揣测他人。作为子女，如果我们能够换位去想，那么与其等到父母身后我们去尽一年之孝或者三年之孝，还不如趁父母在的时候我们多做一分一毫。

只要父母在一天，孩子就不会不挂在他们的心里。但是，孩子经常跟父母说的话是什么呢？就是："妈，我最近不回来看你了，实在是太忙了。"

忙，有时候是可以忙忘的，但有时候忙是可以取舍的，取重而舍次。什么是重？人们往往觉得事业是重的，朋友的快乐是重的，在这种时候，父母往往是被忽略的。

我们老是能听见父母说一句话："你去忙吧，要是太忙就别着急回家来，打个电话就行了，让我知道你挺好就行了。"而孩子们呢，往往就把这句话当成是真的，就真会觉得父母只要知道自己在外挺好的就行了。

在孩子这一生的成长中，尤其是长大以后，有时跟父母会发生冲突。有的孩子从小就有逆反心，父母孩子之间有代沟。

还有，并不是天下的父母做事都正确。那么，当父母做得不对的时候，孩子真跟他们有冲突的时候，应该怎么做呢？

子曰："事父母几谏，见志不从，又敬不违，劳而不怨。"
——《论语·里仁》

对于上述情况，孔子有这样的建议："事父母几谏，见志不从，又敬不违，劳而不怨。"（《论语·里仁》）作为儿女，侍奉父母的时候，如果有意见相左的地方，甚至你觉得父母有什么错的地方，可以委婉地去劝止。这叫作"几谏"，就是你一定要很克制地、很轻微地，能够用一种柔和的方式去劝说。"几"就是轻微、婉转的意思。

我们去说一个道理，道理本身是什么样也许不重要，但是表达方式很重要。我们怎么样用一种最好的表达方式把一个很好的道理说通，这很重要。

我们经常会学习一些人际交往准则，就是你跟同事要怎么说话，你跟朋友要怎么说话，但几乎没有一本社交宝典会教你跟父母怎么说话，因为大家都觉得，父母是亲人，跟父母说话还需要讲究方式吗？

孩子们老说，我在外面受了气，回家跟我妈说说怎么不行？跟我妈还不能发发脾气吗？跟我妈还不能撒撒怨气吗？但是，千万要注意，往往就是最亲的人成了自己的情绪垃圾桶，有时候还会因此而受伤。

孔子说出了一个简单的道理，就是你最亲的人是最伤不得的。
——于丹心语

孔子说出了一个简单的道理，就是你最亲的人是最伤不得的。你跟他们有什么意见相左，在说话的时候最好注意一下方式，好话能不能好好说呢？

孩子说了，有的父母会听，有的父母没听，还在坚持自己的做法，那就是"见志不从"。没听你的怎么办？"又敬不违”，做孩子的还要心存尊敬，不要去顶撞他们。

你心中可能对这事继续担忧，但不能生出怨恨，这就叫“劳而不怨”。

这些就是在儿女辈跟父母意见相左的时候圣人所提供的一种建议。

孔子从来不要求人们必须怎么做。宰我不愿意守三年丧，孔子说一年你心安则为之，也没什么。他更不会要求我们两千五百多年以后的人，你必须怎么做。他只是提这么一个建议，但是这个建议对很多儿女来讲，意味深长。

什么叫作“又敬不违”？中国民间有个说法叫“孝顺”，孝顺孝顺，顺者为孝。很多时候，我们的孝心就在于不违背。当然，也有些儿女跟父母的冲突属于大是大非。但是，如果现在做个统计，父母、儿女之间所产生的冲突，究竟有多少是大是大非，关乎道德、关乎家国大义？这种事情毕竟很少。

绝大多数的冲突，用我们老百姓的话来说都是鸡毛蒜皮，却弄得父母心里不高兴，儿女心里往往也委屈，因为两代人可能动机都是好的，但看问题的方式不一样。

我们做儿女的，很容易跟父母形成的冲突就是发生在生活习惯上。我们愿意让他们生活好，比如经常指着老妈说：“你看你攒的这瓶瓶罐罐，你这剩菜剩饭都舍不得倒，你去买的全都是处理的菜和水果，咱们家生活还不至于这样呀！现在日子好了，你还是过去的习惯，你就不能把日子过好一点吗？你不能改掉老习惯吗？”这种话我们几乎都会说。

我们有时候也会指着老爸说:“现在我带你去吃西餐,我带你去外边下馆子,你老舍不得吃,还老说吃不饱,非要回家来蹲在墙角吃你那碗面条,这都是你原来在农村的生活习惯,你就不能改掉,好好适应现在的生活吗?”

听着这些数落老人的话,能说儿女不孝吗?其实,这些都发自我们的内心。但是,孔子说了一句话,叫“又敬不违”,难道我们不能顺着点父母吗?

我们想一想,每一个人走到今天,都带着历史的烙印,每一个人都是由自己的习惯铸就的。如果没有老太太攒瓶瓶罐罐那段岁月,也许就没有儿女今天的生活;没有老爸蹲在墙角吃面条的那种节俭,也许你就不会从那个村庄走出来,就没有今天的楼房。

真正爱自己的父母就意味着包容和尊重他们的习惯。

——于丹心语

真正爱自己的父母就意味着包容和尊重他们的习惯。这是真正的敬。心理上的这种“敬”,直接导出来的行为层面就是“不违”。

所以,我们不是说在大是大非的问题上一定要做儿女的放弃原则,但是,在可以不计较的时候,儿女要对父母多一点尊重和理解,多让他们按照自己的方式去过一种快乐的日子,也许这就是最好的孝敬。

做晚辈的特别习惯于扶老人上下楼,这个动作有时候却招老人反感,老人经常把孩子甩开说:“你觉得我现在就走不动了?”做儿女的这时候还真委屈。

其实,在物质生活大大丰富的今天,对于父母的心思做一些认真的揣测,按照他们的心意去做事,你可以做得更含蓄、更不外露,会让父母心里更自信,让他们对自己有更多的肯定。这也许是最好的选择。

每一个人从他自己那条路走来的时候，他就会带着历史上沟沟坎坎留下的许多痕迹。一个人走到老年的时候，他有很多隐忍不露的地方，他有太多太多的故事……对于老人来讲，有太多的东西不见得都愿意对儿女说明。他可以自己去忍过一生，那么这个时候，儿女就应该用心去想，我的父母他们到底为什么要这么做。

我曾经看到有一本杂志上说：当天神把每一个小孩子派到人间的时候，总是给他们很多祝福，总是跟孩子们说，你们去吧，到这个世界上去创造吧！你们可以享受生命的成长，一生中可以有着无数的奇迹。多好的人间，你们去吧。

这些小生命很忐忑，说："天神跟我们说人间这么好，可我们也听说人间有很多的丑陋，有很多的竞争，有很多的挣扎。我们真到了人间，遭遇这一切的时候，没有天神保护了，怎么办呢？"

天神说："放心吧，我们已经早早派去了天使，每个小生命都有一个特定的天使在等着他。这个天使会终其一生，忠诚地对待这个孩子，在最黑暗的时候给他光明，在最寒冷的时候给他温暖，在所有风险来临的时候，会拼着性命保护孩子。"

孩子们一听，就很放心了，问："我们怎么才能找到自己的那个天使呢？"

天神说："很简单，你只要叫一声'妈妈'，她就出现了。"

我们看到，父母对孩子从来都是无怨无悔，终生相守，那么，孩子对父母呢？恐怕就不是这样了。有时候，我们的孝敬之心埋在心底，但我们会有很多借口，使得我们对父母的孝敬心思或浓或淡，自己闲的时候就浓一点，自己忙的时候就淡一点。

其实，我们今天想想，《论语》里面关于孝的很多描述，不见得都符合今天的标准，因为它所诞生的那个时代离我们太远，那时的生活环境与我们不同，更重要的是社会基础不同。比如，那时盛行宗法制度，而现在的社会不太讲究这个了。

大家知道，在《论语》里面曾提倡一种行为，叫作“父为子隐，子为父隐”（《论语·子路》），就是家里面有人做了错事，如父亲偷了只羊，甚至比这更大的错事，儿子要瞒着，不能告发，父亲对做了错事的儿子也是这样。孔子说，父子相隐就是一种很正直的行为。

这种态度在今天，就不值得提倡。为什么孔子要这么提倡呢？我们可以先看看更深层的背景。在春秋时期，周天子乃至各诸侯国的君位继承都是实行嫡长子继承制。嫡长子继承制是当时君君臣臣、父父子子这样一套礼仪体系的表现形式之一。君、臣、父、子，这个关系是一体化的，也就是说，儿女的孝敬跟臣子的忠诚连在一起。提倡孝道，跟以礼立国有关联，所以孔子把“父慈子孝”这种伦理范畴之中的父子相隐行为纳入“礼”的秩序之中，认为这种行为是值得提倡的。

我们明白了那个时代跟现代社会存在这种社会基础上

的差异，就不见得要把那个时候提倡的很多行为延续到今天。但是，如果从当时的情况推断这些行为背后的道理，那么有些道理对我们今天仍然是适用的。

比如，孔子说："父母在，不远游，游必有方。"(《论语·里仁》）今天的孩子，很多都是少年壮志，漂洋过海出去留学，父母在的时候怎么能不远游呢？

当然，孔子还说了后一句话，叫"游必有方"。意思是说，如果你一定要出远门，必须有一定的去处，好让父母知道，少点担心。换句话说，就是你真正有自己的志向，有自己要去做的大事，是可以走的，但是走了之后，要对父母有一个交代。

大家都知道，太史公司马迁一生用了很长的时间游历天下，又曾接受朝廷的命令出使西南。在父亲司马谈病重的时候，他在外漂泊多年终于回来。在父亲身边，他接受了一个伟大的使命。

司马谈这时快不行了，但他还有心事未了。他对司马迁说："我家先人是周朝的太史，从前名声显赫，后来家道衰落。现在我作为太史，处在当今天下一统、人才辈出的时代，可是我对这个时代却没怎么记载，心里真是不安啊！我死了以后，你一定要接替我做太史，继承我们祖上的职业。你一定不要忘记我要撰写的著作啊！"

司马谈又说："所谓孝，始于事亲，接着是事君，最后必能使自己扬名后世。扬名后世，以显父母，这是孝之大者。你记着我的话吧！"

司马迁哭着说："小子不敏，一定好好整理父亲已经记录的历史资料，不敢有所缺失。”

司马迁就这样接受了父亲的嘱托，最后写成一部大书——《太史公书》，也就是名传后世的《史记》。

我们看到，司马迁之所以能够去完成这样一部大书，一方面可以说是继承了其父司马谈的遗志，另一方面是他周游天下的经历使他开阔了视野，为这部大书奠定了基础。

所谓“游必有方”，不是毫无目的地漫游。只有类似于司马迁这样的游历才有助于人生见识的增长。所以，司马谈才放心地让司马迁壮游天下，也在临终前郑重嘱托司马迁继承自己的志愿。《史记》这部大书的问世，最终成就了司马迁在中国史学界的崇高地位，也彰显了其父司马谈对司马迁的巨大影响。

儿女不简单，要供养父母，侍奉父母，更重要的是要弘扬父母之志，能够为社会担当责任，做一些有用的事。在《论语》里面，其实也说到了这些。

《论语》中曾经这样说：“父在，观其志；父没，观其行；三年无改于父之道，可谓孝矣。”（《论语·学而》）为什么说父在要观其志而不能观其行呢？这又跟当时的制度有关。在那个时代，当他的父亲还活着的时候，这个孩子是不能独立行动的，他都得听父亲的，所以，无法观察他的行为。但是，他可以有自己的见解和志向，所以，可以通过观察他的志向来了解他。

如果他的父亲去世了，这个孩子就可以独立行动了。这时候，他是否孝顺尊敬他的父亲就可以通过他的行为看出来。如果他对他父亲的合理部分，长期地不加改变，就可以说他尽孝了。

孩子有什么志向姑且不论，而父亲有什么样的理想，能不能够世代相承下去，这个孩子能否做到多年不改，也很重要。司马迁就是继承了其父司马谈的志向，撰写出伟大的《史记》，可以说，司马迁对其父是很好地尽孝了。

真正的孝敬，是一个人把对自己长辈的心推及社会。孟子所谓"老吾老以及人之老，幼吾幼以及人之幼"(《孟子·梁惠王上》)，就不仅是孝，而是仁爱了。每一个人都希望在社会上安身立命，能够去做更多的事情。如果人人都用这样的心去做事，那就好了。

真正的孝敬，是一个人把对自己长辈的心推及社会。

——于丹心语

在孔子的那个时代，一个人要从眼下做起，一直到走向社会。孔子曾经描述过一个人人格的成长中要做哪些事。孔子说："弟子，入则孝，出则悌，谨而信，泛爱众，而亲仁。行有余力，则以学文。"(《论语·学而》)

子曰："弟子，入则孝，出则悌，谨而信，泛爱众，而亲仁。行有余力，则以学文。"

——《论语·学而》

这里面其实有三个层次。第一个层次，是"入则孝，出则悌"。孝悌之义，对父母为孝，对兄弟为悌，讲的都是伦理亲情之爱。要先与自己的父母、兄弟这些亲人把关系处好了。

第二个层次，是"谨而信，泛爱众，而亲仁"。如果一个人言语谨慎，笃诚守信，用爱亲人的心去博爱众人，还去亲近有仁德的人，这样他就走出了一己之爱，能够有天下大爱，他就能为社会做更多事，走得更远。

如果以上这些都做到了，孔子才说到第三个层次，"行有余力，则以学文"。你要是还有余力的话，就可以去学习文献知识。孔子很注重实践，实践之余你才可以去学点书本知识。只能学而不能行，这在孔子看来，也许很不恰当。

我们不一定要说，那个时候的道理都适用于今天，但我们可将这些道理简单地做个坐标来参考。在今天这样一个进步的文明时代，回头看这三个层次，就会看到有时候恰恰是做反了：今天的孩子从一成长就知道要念书，在上幼儿园之前有亲子班，然后是幼儿园，然后是小学、中学、大学。每个孩子都知道要去“学文”，因为“学文”就能进入社会，进了社会以后就能有尊崇的社会地位。

我们知道，现在的社会有一些核心价值都需要人们去尊重，如信誉，还有忠义，可是这些一步一步做完之后，到最后忘了什么呢？

往往是最简单的东西被忽视了，也就是忘了“入则孝，出则悌”。对自己亲人的这个环节是最容易忽略的。

我们的古圣先贤，他们所讲的这番道理，不正是让一个人从脚下出发，从自己的亲人出发，能走多远就走多远，用这样一种本能之爱走到社会上，再做理性提升吗？人们先把这些最基本的东西做好了，再去学学知识、文化，让人走到更高的层次。

可今天呢？我们的心都从很远的地方缓缓归来。我们一开始都去学文化，都在努力去认同社会的公共标准。今天的小学生也知道世界地理，中学生也知道北欧历史，但是还有几个人内心能记住“入则孝，出则悌”？

古圣先贤的很多教诲，可以使我们让自己的灵魂从远方漂泊而归，回到一个温暖朴素的地方。我们最好不要忘记这些基本的道理。

这些道理为什么重要？比如说，为什么“孝”就这么重要呢？

孔子的学生有若就曾经解释过孝悌的重要性，他说：“其为人也孝弟，而好犯上者，鲜矣；不好犯上，而好作乱者，未之有也。君子务本，本立而道生。孝弟也者，其为仁之本与！”（《论语·学而》）

有若的意思就是说，一个人孝敬自己的父母，敬爱自己的兄长，却喜欢触犯上级，这样的人是很少见的。一个人不喜欢触犯上级，却喜欢造反作乱，这种人从来没有过。君子专心致力于根本的工作，根本建立了，“道”也就有了。孝顺父母，敬爱兄长，这就是“仁”的根本啊！

有若说，“君子务本”。什么是“本”呢？大家看，木头的“木”字底下加一短横，就是“本”吧。这个短横在什么位置？就在树根。什么叫“本”？就是大树的根。

人生可以长成枝繁叶茂的大树，但是一切源自于这个根系。本要是牢固，树就可以长得好，所以很多东西要务本。“孝”在《论语》里就是作为这样一种根本的道德而存在。

我们今天已经远离了产生孝道的宗法社会。在今天的社会中，父子的关系已经不存在跟君臣关系的对应了。

是不是在今天这样一种人人平等、法律公平的社会里，“孝”就不是做人的根本了呢？

其实，如果我们静心而思，考虑什么是我们的核心道德，那么就会发现，一个人在处理自己跟亲人的关系上能真正做好，也许不经意间可以对整个社会都辐射出一种强

有子曰：“其为人也孝弟，而好犯上者，鲜矣；不好犯上，而好作乱者，未之有也。君子务本，本立而道生。孝弟也者，其为仁之本与！”

——《论语·学而》

大的力量。

大家可能都知道，中央电视台有一个特别节目叫《感动中国》。就在 2006 年,《感动中国》中有一个人物叫林秀贞。她是河北省衡水市一个非常普通的农村妇女，她入选《感动中国》的理由非常简单。

她不是我们想象中的英雄，没有惊人的事迹，她无非就是从嫁到这个村子开始，就义务赡养村里所有的孤寡老人。她自己去一家一户认门，看到刘爷爷、刘奶奶瘫在床上，她跟他们说:“我以后天天来给你们做饭，反正我们家喝稀饭你们就跟我喝稀饭，我们家吃窝头你们就跟我吃窝头，但是我一定不会让你们断顿。”

两位老人听到一个新嫁来的媳妇说了这样的话，都没有太在意。但是，就从这天开始，她日复一日、年复一年地去做，一直到了第八年，刘奶奶从破炕席底下掏出一个烂纸包，说:“妮儿啊，这包里是安眠药，这是我原来留着跟你刘爷爷哪一天实在是动不了了时才吃的，这就是我们老两口的归宿。我们听你说要照顾我们，还真这么做了，一年两年我们不踏实，三年四年不放心，现在都八年了，我们觉得确实是用不上这个了。八年了，我们看你的心还没有变，现在这包药我可以交出来了。”

林秀贞不光是养这一户，她在村里是见一个养一个，见一家养一家。她前后赡养了六位这样的孤寡老人，而且一定是养老送终。短则七八年，长则十几二十年，每一位老人都这样被她养过来。

在这三十多年间，她自己的四个儿女陆续出生，孩子们就把村里这些老人都看成自己家的爷爷奶奶，帮着妈妈去这家剪剪指甲，帮那家拾拾柴火，大家就这样过来了。

这就是林秀贞全部的事迹，那你说她够“感动中国”吗？《感动中国》的推委会在写到林秀贞这个人物的推荐词时有这样一句话：如果富人做这样的事，叫作慈善；而穷人做这样的事，她就是圣贤。

孔子曾经说过：“仁远乎哉？我欲仁，斯仁至矣。”(《论语·述而》）意思是说，仁爱真的离我们很远吗？我心中想到这样做的时候，仁爱就到我身边了。我们想想，做慈善容易吗？做慈善也需要条件，没有钱你就做不了。但是，做圣贤有时候比做慈善容易，因为你有心就够了。

林秀贞最后当选为2006年“感动中国”的年度人物之一。当时节目舞台上有一座一座的丰碑，每个人物都有一个评语镌刻在各自的碑上。林秀贞的那个碑被掀开后，上面写着四个大字：“温暖世道”。颁奖词说，三十年来，善良流过村庄，她用自己的心温暖了世道。

其实，林秀贞最后所做到的境界已经是仁爱了，但是她最初的起点，不过就是一个普普通通农村妇女的孝敬之心，无非就是把别人家的老人当成自己家的老人，如此而已。

我们人类走到今天，也许社会制度在变，但“孝”就不是为人之本了吗？也许这个理念可以不变。《论语》里说，“君子务本”。一个人去伪存真，能够在最朴素的地方见出做人的核心价值，那么在一片纷乱迷茫之中，或许他就不会走得太乱，或许他不至于走得太远。

孔子曾经说过:“出则事公卿,入则事父兄,丧事不敢不勉,不为酒困,何有于我哉?”(《论语·子罕》)他说,一个人出外则面对公卿,为社会做事,回到家里,面对父兄去尽心,有丧事不敢不尽心竭力,而对自己的生活有节制,可以饮酒,但不会被酒困扰,对我来讲,做到这些事有什么难处呢?

我们看到,在孔子的思想体系中,“事公卿”和“事父兄”是连在一起的。我们想一想,在今天是不是也一样?我们可以在这个世界上创造很多辉煌,但是永远也不能忘了脚下的起点,那就是父母对儿女的心。

我们可以在这个世界上创造很多辉煌,但是永远也不能忘了脚下的起点,那就是父母对儿女的心。
——于丹心语

对于孩子,父母有着太多的牵挂,如怕他念书念得不好了,怕他为人不够正直了,惦记他没有钱买房子,惦记他的车不好被同事笑话了,惦记孩子的孩子要去受什么教育了……父母对儿女的牵挂不一而足。但是,做儿女的问问自己,我们该让父母操这么多心吗?

孟武伯曾经问孔子什么是孝顺,孔子回答了这样一句话:“父母唯其疾之忧。”(《论语·为政》)什么叫孝顺?父母对儿女的牵挂,应该只有一件事,就是儿女得病了,只有这件事可以让他们真正担忧。如果说儿女病了,还能让父母不担忧,这在人之常情上说不过去。儿女都是父母的心头肉,不管儿女是四十岁还是五十岁,得了病,老爸老妈那也是心如刀绞,老人说,还不如让我替你病呢。所以得病不让老人担忧,你是做不到的。

孔子的言外之意是说,除了得病这件事我们无法担保,别的事情你就不该让父母担忧,这才是孝敬的孩子。

也就是说，你的学习就应该让父母操心吗？做人正直不正直，总要让父母念叨吗？与朋友交往，自己买房子，做生意，干工作，这些事情做得好与不好，都得让父母不断操心吗？这些都不应该让父母担心。

《论语》里面讲的道理非常朴素，记住这一句，就是儿女能让父母牵挂的只是得病这件事而已。这是你躲不开的，但别的事情能不让父母操心，你就已经是孝敬了。

《论语》往往就是这样用一句最简单的话告诉我们至深的道理。

我们都知道，人这一生步步行来，点点滴滴，父母能做的，往往是一些背后的小事。父母从来不会说嫌儿女烦，父母也从来不在儿女面前表功。

有一个美国的小故事很有意思。一个小男孩，从小得了脊髓灰质炎，腿瘸了，这个病还导致他长了一口参差不齐的牙齿，很不好看，所以这孩子从小就备受冷落。小伙伴们都觉得他又瘸又不好看，都不跟他在一起玩。

有一天，他的父亲拿了一把小树苗回来，跟他的多个儿女说："你们一个人拿一棵树苗去种，看谁的树种得最好，我就给他买礼物。"

这个小男孩跟他的哥哥姐姐一起拿了树苗种下去。这个孩子呢，由于老受冷落，就有一种自暴自弃的心态。他给那棵树苗浇了一两回水以后，心里就有一种很消极的想法。他想："我不管了，还不如让我那棵树早早死了呢，我反正是不受人喜欢的孩子，我再想要礼物也不会得到的。"于是他就再也不给那棵树浇水了。

可是，后来他却发现，他那棵树却长得比别人的好。那棵树长得特别快，树叶长得特别鲜亮。这是一棵特别茁壮的小树。

父亲不断地对他说:“天哪，儿子，你长大会成为一个植物学家的。你真是天才，你的树怎么长得这么好呢?”

过了一段时间，父亲说:“大家都看见了，在这些树苗中，只有这个孩子种得最好，我的礼物得买给他。”于是父亲给这个小男孩买了一个他特别喜欢的礼物。

后来，这孩子不断受到鼓励，他就想，这是天意。有一天半夜，他睡不着觉，心想:“书上说植物都是在半夜生长，我去给我的树再浇点水吧。”

他跑出来的时候，惊讶地发现，他的父亲在那棵树边正一勺一勺地浇水。他突然明白，他的父亲每天夜里都在悄悄地为他浇着这棵小树。这棵小树就是他的父亲在他心里种下的一个意识，让这个孩子自信起来。

看见这一幕以后，这个孩子的生命态度就改变了。后来，他没有成为植物学家，而是成了美国总统。他就是富兰克林·罗斯福。

这则小故事自然是虚构的，因为历史上的富兰克林·罗斯福是在三十九岁时才因病致残。就跟众所周知的“华盛顿与樱桃树”的故事一样，故事本身不一定真实，但是反映了某些令人深思的哲理。那么，“罗斯福与树苗”的故事说明了什么呢?

我们想一想，这就是父母对儿女的爱啊，这种爱永远不需要走到阳光底下，永远不需要让儿女知道。你可以撞破这样一个秘密，你也可能终生都不了解。但是，有几个儿女愿意点点滴滴为父母默默做点事呢？很多儿女做点事就要嚷嚷出来，要让父母知道，孩子是爱他们的。

我还看到过一个让人很感动的儿女尽孝的小故事。有一帮朋友在一起聊天，有一个人说，我在外面时间这么长，我要给爸爸妈妈打个电话告诉他们一声。然后，他拨了一遍号码，停了一下挂断，又拨了一遍号码，拿着听筒等着，接着跟他父母说话。

他的朋友们很奇怪，问："拨第一遍占线啊？"他说没有。朋友问："那为什么要拨两遍呢？"

这个人淡淡地说："我爸爸妈妈年纪大了，腿脚不好，他们只要听见电话就觉得是我的，每次都是不顾一切往前冲，恨不得扑在电话机上。我妈因为这样就经常被桌子腿绊到。后来我就跟他们说好，我会经常打电话，但前提是你们一定不要跑，我第一次拨通电话就响两三声，然后挂上，你们慢慢走到电话机边等着，过一会儿我一定还会打过来的。"

这个故事，说实在话，是比较少见的儿女孝敬父母的故事。朋友们在一起聊起父母对儿女的爱，大家可能随口说出一大把，但是儿女有如此之心对父母的，往往少见。其实，我倒真希望这样的故事能发生在我们每个人的家里，发生在我们身边。

翻翻《论语》，有那么多关于"孝"的说法，说到最后，我觉得有一句话是需要我们每个人记住的，那就是："父母之年，不可不知也。一则以喜，一则以惧。"（《论

子曰："父母之年，不可不知也。一则以喜，一则以惧。"
——《论语·里仁》

语·里仁》）

我们为人儿女者，可以在心里问一句：我父母的生日是哪天，他们今年多大了？不见得每个人都能说得很准确。但是，做父母的要是想我孩子哪天生日、多大了，恐怕没有几个人不清楚。

我们有时候觉得，老人不像孩子爱过生日，孩子过生日都是成长，他高兴，而自己的生日老人有时候忘了就忘了，淡了就淡了，他觉得自己长一岁也没有什么好。

对我们儿女来说，父母的年龄不可不知，知道以后，那就是“一则以喜，一则以惧”，喜的是父母高寿，得享天年，做儿女的现在还有机会孝敬他们；但惧的是父母年事又高了一岁，我们还有多少时间能够陪在父母身边尽孝呢？我们还能够有多少心愿真正来得及完成呢？

可以说，父母之年在我们的心里可能永远是惧大于喜的，因为我们能做的太少，父母能给的太多。所以，这个世界上，有一种至深的悲怆叫作“子欲养而亲不待”。如果真是到了那一天的话，我们就是捶胸顿足，涕泗滂沱，再三追悔，父母在的时候少顶一句嘴多好，多做一件事就来得及啊，但是一切都过去了，来不及了。

只要父母还在，就是儿女的福分。

——于丹心语

只要父母还在，就是儿女的福分。天下儿女心，就是在这个时刻，想一想父母之年以及在有限的岁月中，我们还来得及做什么，那么一切都有可能。

“父母之年，不可不知也。一则以喜，一则以惧。”天下儿女心，我们都记住这句话吧。也许从今天开始，我们的父母就快乐了，我们自己的心就得到安慰了。

智慧之道

欲速則

不達見

小利則大

事不成

《论语》里面，自始至终充满着智慧。

智慧是洋溢在字里行间的东西，它不见得就是拎出来的一两句警句，更多的时候它是一种思维的方式。

真正的智慧有一个重要标准，就是面对人心，你拥有什么样的判断力。

我们今天该如何获得大智慧，而不是小聪明？

《论语》里面，自始至终充满着智慧。

智慧是洋溢在字里行间的东西，它不见得就是拎出来的一两句警句，更多的时候它是一种思维的方式。

《论语》总是用最朴素的话去点明那个至高的真理。

樊迟在问老师什么是“知”（智）的时候，老师就说了两个字，“知人”（《论语·颜渊》）。也就是说，如果你懂得天体物理，懂得生物化学，或许你不是拥有大智慧，你只是拥有了知识；真正的智慧有一个重要标准，就是面对人心，你拥有什么样的判断力。

在一个充满迷茫的世界里，真正深沉的智慧就是我们

真正的智慧有一个重要标准，就是面对人心，你拥有什么样的判断力。

——于丹心语

樊迟问仁。子曰："爱人。"问知。子曰："知人。"樊迟未达。子曰："举直错诸枉，能使枉者直。"

樊迟退，见子夏曰："乡也吾见于夫子而问知，子曰：'举直错诸枉，能使枉者直'，何谓也？"

子夏曰："富哉言乎！舜有天下，选于众，举皋陶，不仁者远矣。汤有天下，选于众，举伊尹，不仁者远矣。"

——《论语·颜渊》

能够沉静下来，面对每一个人以及他背后的历史，能够顺着他心灵上每一条隐秘的纹路走进他内心深处的那些欢喜和忧伤，那些心灵的愿望。

学生再问老师，"知人"以后要做什么呢？看来樊迟还是不能理解老师的意思。

老师又说："举直错诸枉，能使枉者直。"（《论语·颜渊》）就是这样十个字，说明我们"知人"以后要干什么。"举直"，是把那些正直的、有才能的、善良的、符合社会核心价值的人，提拔上来，给他们一个好的空间。"错"是把他们安置在一个位置上。放在哪儿呢？放在"枉"者的上面。"枉"就是那些不正直的、不那么高尚的人。

也就是说，让贤达的、善良的人，让这些符合核心价值的人，在那些不怎么善良的、有一己之私的人之上。这是一个标准。

"能使枉者直"，这个标准更温暖。也就是说，人性中没有绝对的善与恶。我们不能说某一个人他就是一个十全十美的大善人，也不能说某一个人他自始至终就是一个十恶不赦的歹毒小人。其实，人性中的各种元素在不同的土壤、不同的温度、不同的环境中，或善或恶，在一定的环境作用下都会有所释放。

什么叫作"能使枉者直"呢？就是说，一个人也许表现出来的不是那么高尚，也许他在做法上有一些促狭，甚至有一些卑鄙，但是你跟他在一起的时候，当你了解人心的时候，你有没有一种力量，让一个不那么高尚的人，也就是心思可能有很多弯弯绕的人，起码在跟你合作的这一段时间里表现得正直坦荡一点？如果你能做到这一点，这就叫“能使枉者直”。

有一句谚语说得好，人生的真正成功不在于你凭运气抓了一手好牌，而在于你抓了一手坏牌，但是你能把它打好。人生交际的真正成功不在于你侥幸一路走来遇到的全是君子，而在于你遇到有些不能称为君子的人，当然不一定就是小人，能不能因为从跟你的交往中看到人性中的温暖、善良，看到你对他的体谅、包容，而让他美好的一面更多地表现出来。为什么要“知人”呢？孔子说，就是这样一个目的。

那么，怎么样才能“知人”呢？孔子说，你看一个人，要“视其所以，观其所由，察其所安。人焉廋哉？人焉廋哉？”（《论语·为政》）这话什么意思呢？

“视其所以”，从一开始你要看到他为什么这么做。看他做一件事不在于他在做什么，而在于他的动机是什么。

中间“观其所由”，你要看他做事的经过和他使用的方法又是什么。

最终是“察其所安”，一个人做一件事，什么叫结束或者没结束？不在于一件事情物理过程的终结，而在于他的心在这个结果上终于安顿了吗？有些事情完了，但人心仍然不安，意犹未尽，他还要做；有些事情没有完，但是有人可以说，雪夜访戴，我乘兴而来，兴尽而返，我到了朋友门前，我可以不敲门就走，因为我的心已经安了。

所以看一个人做事，不要看事情的发展过程，而要看他心理上的安顿。这就是给我们一个起点，“视其所以”；

再给我们一个过程,“观其所由”;最后给我们一个终点,“察其所安”。那么就会“人焉廋哉”,人还往什么地方去藏起来呢?“廋”,就是藏匿的意思。

当你经过这样一个过程的分析,你说这个人还怎么能藏起自己的真实面目呢?这个人的心你就弄明白了。

孔子不光告诉你“知人”很重要,他还告诉你“知人”的方法,就是你不要在静止的一点上考察一个人的言与行,不能断章取义认为谁说什么话了,所以他是个什么人。不仅要听其言,还要观其行,而观其行不单在于一个结果,更在于一个动态的过程。

在这个世界上,我们每个人做的事情看起来都大同小异,日出而作,日暮而息,一日三餐,娶妻生子。

但是,如果我们仔细分析每个人的人生,其实是千差万别的。

同样是吃饭,有些人是为了充饥,有些人是为了美食;同样是睡觉,有些人是为了休息,有些人是为了做梦。

每一个人的动机都不相同。

你要从他的行为背后去追究真正的原因。说得再进一步,你如何去观察一个人呢?

孔子告诉我们,你要去看一个人的过错,因为每个人的过错最终都是可以归类的,叫作:“人之过也,各于其党。”(《论语·里仁》)“党”,就是结党营私的“党”,在这里指归类,每个人的过错都是可以归进某一类的人所犯的错误。

孔子还有一句话,叫作:“观过,斯知仁矣。”(《论语·里仁》)你看一个人的过错，就知道他是不是一个仁义的人。这就教给我们更进一步的方法，不仅要我们看每一件事的过程，还要去看看这个人的过错何在。

大家都知道托尔斯泰有句名言：幸福的家庭都是相似的，但不幸的家庭各有各的不幸。从某种意义上来讲，我们在这个世界上做的很多善事差不多都是相同的。比如，扶老携幼，实行一些忠信之道，其实很多的社会基本价值是趋同的，但你去看，人的过错却千奇百怪，不一而足，在过错里最见人心。

人的过错却千奇百怪，不一而足，在过错里最见人心。

——于丹心语

人这一生，其路漫漫，孰能无过？真君子不是没有过错，而是能从他的过错中洞察人心。有人是因为软弱犯错，有人是因为轻信犯错，很多人的过错是源自善良。

我们以前说过，学生问孔子："以德报怨，何如？"孔子告诉他，你应该"以直报怨，以德报德"(《论语·宪问》)。"以德报怨"不也是一种过错吗？

或曰："以德报怨，何如？"子曰："何以报德？以直报怨，以德报德。"

——《论语·宪问》

有很多人都是由于内心过于慈悲、柔软而超出了底线，所以屡屡被伤害。这也是一种过错。从这种过错中，你或许能看出这个人心中一种深刻的善良。

所以孔子说"观过"，你就可以知道他是不是一个仁义的人。这其实是一个看人的方法。这种观点很有意思，它可以超越时间，适用于不同的时代。

其实，人们面对过错的时候，怎么去观察他们，有两点很重要：第一点，就是犯错之后的态度。用孔子学生子贡的话说，君子不是不犯错，但君子之过如同日月之食，太阳和月亮都在天上，太阳再灿烂也有日食，月亮再皎洁子贡曰："君子之过也，如日月之食焉：过也，人皆见之；更也，人皆仰之。"
——《论语·子张》

也有月食。所以，"过也，人皆见之"，他错就错了，大家看得见，是明摆着的；"更也，人皆仰之"(《论语·子张》)，改了之后他还好端端的，你还得仰望他。

所以，君子"过则勿惮改"(《论语·学而》)，错就错了，别怕改；"过而不改，是谓过矣"(《论语·卫灵公》)，错了不改才叫过错。这一点很重要，错就错了，马上改。

第二点，真正的君子还有一个特点，叫"不贰过"(《论语·雍也》)，用今天的话来说，就是不犯同样的错误。人这一辈子是可以犯错误的，但是犯错误也要有点品质，也要高级一点，我们不能屡屡犯同样一个错误。

不同的事情在不同的情景下可能有失误，但是你要记住教训，不要在同一个地方再次跌倒。

观察一个人的过错，难道不比观察一个人的成绩要更深刻、更见人心吗？

通过这些"知人"的方法，最后你考察出来的，可能是跟客观世界所呈现出来的面目完全不同的结果。

有些人在游艺场上玩儿，如大家去学赛车，一个开得特别快的新手，他已经遥遥领先。你问他为什么把车开成这样，他可能说："我一直追求速度，我觉得还不够快。"其实他已经是第一了。

你看到慢慢吞吞一直在后头的人，你问他开车为什么这么慢呢？这个人有可能告诉你："我觉得已经风驰电掣了，这是我生命中的极限速度，我从来没有过这么快的体验。"其实他已经是最慢的了。

这说明了什么呢？每一个人，他的此刻都带着他以往的价值观和以往的生活坐标，他能感觉到的是他自己心理上的参照。心理上觉得最快的那个人有可能是客观上比较慢的，心理上觉得还慢的人在挑战极限，客观上他已经是最快的了。

观察一个人，是看其外在的现象还是看他的内心，差别很大。孔子说，观察一个人，要“视其所以，观其所由，察其所安”，其实就是告诉我们怎么样能够获得大智慧。

我们想，获得大智慧以后是为了干什么？

大智慧的获得，不是为了我们飞短流长品评人物，是为了有用。也就是说，在这个世界上，“知人”之后应当知道如何用人。

大家都知道子路。子路是一个勇敢过人但智谋稍稍欠缺的人，有一次他问他的老师：“子行三军，则谁与？”（《论语·述而》）他说：“老师，如果现在让你带兵打仗，你会选择跟什么人同行呢？”可能子路想，老师这样一介儒生，带兵打仗肯定要选择很勇猛的人吧。

结果，老师告诉他：“暴虎冯河，死而无悔者，吾不与也。”（《论语·述而》）什么叫“暴虎冯河”？“暴虎”，指赤手空拳就敢搏击老虎。“冯”就是凭借的意思，读音如“凭”。“冯河”，指一条浩浩荡荡的大河在那里，河上没有桥，也没有船，这个人只身就敢去游大河。一个人敢这样做还不算，还要拍着胸脯保证：死而无悔，我不怕，我的勇气足够支撑我这么去做，我用不着考虑后果。如果一个人在三军阵前这样来表态，孔子说：“我反正不选择跟他同行，我不用这样的人。”

子谓颜渊曰：“用之则行，舍之则藏，惟我与尔有是夫！”

子路曰：“子行三军，则谁与？”

子曰：“暴虎冯河，死而无悔者，吾不与也。必也临事而惧，好谋而成者也。”

——《论语·述而》

那么，孔子会用什么人？孔子也说了他自己的标准："必也临事而惧，好谋而成者也。"（《论语·述而》）临事而惧啊，一事当前心里得知道害怕。

我们想一想，今天领导在下任务的时候，很可能面对两种人。第一种人听个大概马上就拍胸脯说："请领导放心，我二十四小时当四十二小时干，保证完成任务，我立下军令状，完不成拿我是问，都包在我身上了。"第二种人在那儿听啊听啊，最后说："您说的这件事太大，您让我回去再收集点数据，我好好考虑一个可行性方案，我尽量把它完成。"这样的两种人，你会用谁？

第一种人就是敢于"暴虎冯河"的人。第二种人就叫作临事而惧，他是真知道害怕啊！

我们从小到大，如去参加一个特别重要的考试，去见一个你特别在乎的人，这个时候你心里不会害怕吗？一定是心里有点打鼓的，因为你太在意了。那么，一件事情交给你，你轻易就敢拍胸脯吗？

二十四小时它就是二十四小时，你连第二十五小时都挤不出来，你想把它当成四十二小时过那是不可能的。你说立下这个军令状，最后完不成也就那样了，还能怎么样呢？

在这个世界上，什么都不怕的人是最让别人害怕的。孔子说，一个人得有一点敬畏之心。一个责任摆在那里，你要来担当的时候，心里总要问一问，是不是真正沉甸甸地把它当回事？

但是，惧怕也要有个分寸，你怕到打退堂鼓吗？这个

陈传席 《清风浦上不胜愁》

事真的不做了吗？没个分寸，怕到不做，也不行。

所以还有后四个字，就是孔子说的，“好谋而成”。什么叫“好谋而成”？就是我真把它当回事接下来了，然后好好地运用自己的智慧，一步一步去谋划，直至完成。孔子说：“你问我用什么人吗？我就用这样的人。”

在今天这个时代，很多时候我们看到，表决心的人、拍胸脯的人，声音都很大，我们还能够考虑到他心里真正有如临深渊、如履薄冰的那点在乎吗？我们能真正考虑一件事的可行性吗？

法国曾经出过一道智力测验题，有奖征答。测验题说，如果卢浮宫不幸失火，这个时候你只能从里面抢出一幅名画，你将抢哪幅画？

大家纷纷来作答，绝大部分人都集中在《蒙娜丽莎》

上，要抢肯定抢这幅画。但是，这个大奖最后被法国当时的大作家凡尔纳拿走了。凡尔纳的答案是什么呢？他说，我抢离安全出口最近的那幅画。

《蒙娜丽莎》在哪儿？去过卢浮宫的人都知道，它在二楼的一个大厅里，而且是一幅不大的画。我们想想，要是真着火了，一片浓烟中，别人往外逃生，你逆着人流往二楼跑，估计你还没摸着《蒙娜丽莎》那幅画就已经被烧死了。

在这种情况下，你应该怎么办？

说起来很简单，第一步是要找到安全出口，要让自己能够从火海中逃出来，第二步就是你能随手抢哪幅画就抢哪幅画。这是大智慧啊！

大智慧永远不是只知拍着胸脯瞎保证，以为一个高昂的声音就能够代表自己的品质。“暴虎冯河，死而无悔”，只是小聪明。

在这个世界上，怎样真正做到“知人”？

我们是信任大智慧，还是信任小聪明呢？其实，大智慧跟小聪明的区别，有时候只是彰显在一种态度上。

我看过一个有意思的故事。

有一个身家亿万的富孀，特别惜命。她要招聘司机，条件是这个人的技术一定要好。她的管家给她千挑万选，最后在全国挑出来三个司机。这三个人水平不相上下，技术都是绝对一流的。

管家定不下来，把三人带到老太太面前说：“您自己定吧。”这个老太太问了他们仨同一个问题：如果我们现在出去，前面是悬崖，凭你的技术，能够把车停在离悬崖多远的地方？

第一个司机马上回答：“我技术好，我能稳稳当当把车停在离悬崖一米远的地方。”

第二个司机就说：“我技术比他还好，我能停在离悬崖三十厘米的地方。”

第三个司机想了一会儿说：“我大老远一看见悬崖就停车，我不过去。”

结果，被老太太录用的司机是第三个人。

为什么呢？答案就在三个人的态度上。

前面两个司机靠着技术逞强，难免不会出事。第三个司机知道什么最重要，那就是安全，所以他不会把技术当作炫耀的资本。

这就是大智慧和小聪明之间的区别。

我们想想，这个世界上有大智慧者毕竟只是少数啊，那么有小聪明的人都不要用了？有小聪明的人就什么都不干了？

就像大家翻完整部《论语》后说，有君子之德的君子好是好，可小人也不少啊，我们是不是一定要远离那些小人呢？

真正的“知人”，是把不同的人放在不同的地方，使大家各得其所。孔子就有这样的说法，他说：“君子不可小知而可大受也；小人不可大受而可小知也。”（《论语·卫灵公》）这话什么意思呢？就是说，每一个人都各有其位。

真君子是什么呢？按孔子经常说的标准，君子是“讷子曰:"君子食无求饱,居无求安,敏于事而慎于言,就有道而正焉,可谓好学也已。"
——《论语 · 学而》

于言而敏于行"(《论语·里仁》),也就是"敏于事而慎于言"(《论语·学而》)。

孔子认为,君子都是话不太多的人,不怎么唱高调,所以他说:"刚、毅、木、讷,近仁。"(《论语·子路》)这个人不一定很善言辞,但是他内心非常刚毅、果敢、朴实,这种人可以"大受",就是你给他一个大任务,让他去担当承受,那么他会性命相舍地给你完成。

但是,这种人是不是就没缺点呢?他也有弱点,"不可小知",就是你别拿小聪明的事情去试探他。我们今天这个社会有好多事情是需要小聪明的,比如说很多商务往来,有时候跟客户沟通,需要那种伶牙俐齿的人,需要八面玲珑,甚至要阿谀奉承几句,这些事都属于小聪明,真君子肯定给你干砸了,他就做不了。

但是怎么办呢?也有人会干这个。孔子说,小人可小知而不可大受。也就是说,一些小人也能有用。小人他也有长处,也就是善于言辞,能逢迎,会看人脸色啊。他能够把刚才所说的一些事情做得很好,但你别认为他做好这些事就能给他大事做。真正担当大事的不能是这样过于油滑、见风使舵的人,尽管他有"小智",但不可"大受"。

我们看,"知人"是为了什么?"知人"就是为了用人。也就是说,"知人"以后你就能把他摆对地方。

有一句谚语说得好:这个世界上没有废物,所谓废物不过是摆错了地方的财富。人也是一样,你能说某一个人在某个岗位上一定是不称职的吗?关键是你把他摆在什么样的位置上。

尺有所短，寸有所长。由于应用的地方不同，一尺也有显得短的时候，一寸也有显得长的时候。那么，如果将尺和寸应用在合适的地方，是不是刚好就能避开它们的短处而发挥它们的长处？

我们也可以看到，不一定是我们大家认为最高尚、最有智力的人最适合干任何事情，谁也不能百事皆能。

有一个实验很有意思：都用广口玻璃瓶，一个里面放五只蜜蜂，一个里面放五只苍蝇，瓶底冲着光亮方向，瓶口朝着黑暗方向，在那里放着，看它们做什么选择。

蜜蜂的生活环境显然比苍蝇要好很多，它们合作酿蜜，是有组织、有纪律的。好像是有逻辑的认知，它们坚持认为出口一定是在光亮处。结果呢？五只蜜蜂都撞死了，因为它们不停地往瓶底上飞，飞不出去也要往那儿飞。

什么叫无头苍蝇？瓶子里的苍蝇就是。最后那五只苍蝇都活着飞出去了，因为它们不是非朝着光亮的方向飞不可。它们误打误撞，哪儿能出去就出去了。

这个实验说明什么呢？就是说，我们不能仅以自己的判断来判定所有好的事情都一定得是哪个很高尚、很有智力的人才能完成。“知人”，从知道自己到了解他人，都要摆对位置才行。这才是真正的智慧。

> “知人”，从知道自己到了解他人，都要摆对位置才行。
>
> ——于丹心语

智慧终究是要有用的，用在这个世界上去做什么？那取决于我们自己。对此，孔子没有一个很苛刻的、很单一的标准。

孔子说，有些人经过一生的经验修炼而成中庸之道，这种人很好，你可以跟他交往。但是，如果你的朋友里没有这样的人，“不得中行而与之”，你没有找到或遇见这样的朋友怎么办呢？“必也狂狷乎。狂者进取，狷者有所不为也。”(《论语·子路》)孔子说，那你就可以和“狂者”“狷者”交朋友。

什么叫“狂者”？就是凡事特激进的人。什么叫“狷者”？就是凡事很拘谨的人。为什么孔子说你还可以和这两种人交朋友呢？因为“狂者”有进取心，一意向前，而“狷者”有所不为，不肯干坏事。

这你就要看，你用朋友去补足你生活中的哪一方面。如果你是一个怯懦的人，你有几个朋友是“狂者”，他们可以激励你。如果你是一个莽撞的人，你有几个朋友是“狷者”，他们可以告诉你什么该做，什么不该做。

在我们看来，“狂者”“狷者”显然不如“中行者”。中庸之道是完美的，但生活中哪儿有那么多完美啊？哪儿有那么多已经准备好的朋友、准备好的岗位，一切都迁就你的生命为你一路鲜花地摆好啊？

真正的智慧，就是不管遇到什么人，你都能够看到他生命中的优点，跟自己形成互补，而你自己生命中的那些优点“能使枉者直”，能够使那些原本不太好的人有所改变。可以说，这是大智慧。

那么，这样的智慧由何而来呢？孔子还是教过我们一些方法的。他说，人的智慧是可以学来的。实际上，有好多人不学，只是在那儿一个劲地困惑，普通老百姓就是这样。

孔子说：“盖有不知而作之者，我无是也。”(《论语·述而》）他说，有那种自己没有多少知识，没有大智慧，却凭空臆测的人，反正我不做这样的事情。

孔子接着说："多闻，择其善者而从之，多见而识之，知之次也。"（《论语·述而》）他说，我无非就是多去听，听见好的我就跟着去学；我多去见，见到好的我就记下来。这样，我就能够不断地长进了，尽管这样的智慧是次一等的智慧。

为什么孔子说这是次一等的智慧？因为他认为人的智慧，其实有四个等级。第一等叫"生而知之者"，生来就有智慧。第二等就是"学而知之者"，通过学习来了解智慧。第三等是"困而学之"的人，就是遭遇困惑了、有麻烦了才临时应急想学。最次一等就是"困而不学"，就是已经遭遇困境了还不学，那你当然只能认命了。孔子通过多听多见来学习，显然是第二等人。

这四个层次听起来容易划分，但是大家最容易质疑的就是第一个层次：谁是"生而知之者"，谁生来就装着满肚子的智慧？

所谓"生而知之者"，是指那种悟性特别好的人。如果说"学而知之者"是看见了什么就能够举一反一，而"生而知之者"就是凭着他的悟性可以举一反三，很多事情他无师自通，可以联系起来想，这个层次就很高了。但是，这种人很难见到。孔子是博学的人，但他也不承认自己是"生而知之者"，他只是"学而知之者"。

如今是个知识爆炸的时代，知识固然很重要，但是比知识更重要的是智慧，比智慧更重要的是经验。而且，在

子曰："盖有不知而作之者，我无是也。多闻，择其善者而从之；多见而识之，知之次也。"

——《论语·述而》

孔子曰："生而知之者，上也；学而知之者，次也；困而学之，又其次也；困而不学，民斯为下矣。"

——《论语·季氏》

经验里面，悟性是最重要的一点。

也就是说，怎样提升我们的经验，让它能够切实合用，能够在我们的生命体系里提供一种别人不能替代的智慧，这就要靠我们自己悟性的酝酿和提高才行。要想达到这么高的一个层次，怎么办？

说起来也简单，就是要把这个世界上的很多东西联系起来看。

1979 年 12 月，美国气象学家洛仑兹在华盛顿美国科学促进会的演讲中提出一个著名的观点：一只蝴蝶在巴西振动翅膀，有可能在美国得克萨斯州引来一场龙卷风。这就是后来大家所说的蝴蝶效应。

为什么蝴蝶振翅能够引起那么遥远的龙卷风呢？因为这个世界上的事物都息息相关，事与事之间都有着微妙的联系。如果看不到这些联系，那就是你的悟性不足。

如果我们的悟性够高，我们的经验有时候就能够教会我们找出最简单的方法，让一些复杂的问题迎刃而解。

我记得新中国成立初期有一个事迹介绍，很有意思。当时某研究所拿到一台苏联产机器，结构非常复杂。人们想要研究它，然而拆开机器后所有工程师都傻眼了。原来，机器里面有将近一百根管子，盘根错节，这一端有那么多管子的入口，那一端有那么多管子的出口，但中间管子跟管子是怎么连接的，谁都不知道。

大家一看，觉得不能接着拆了。所有的工程师对这台机器绞尽脑汁，但就是不知道它的结构。

这时候，研究所一个看门的老人过来了，他只用了两样东西，就把这件事解决了。

哪两样？一个是他自己手里握着的大烟斗，另一个是他拿在手上随时在传达室小黑板上记事的粉笔。他过来后就吸足了一口烟，随便找一根管子，吐进烟去，然后看见那边有一根管子冒出烟来，他就在这头写了个“1”，在那头也写了个“1”。他又吸一大口烟，再朝一根管子吐进去，又一根管子冒出烟来，他在这头写上“2”，那头也写上“2”。接着这样做下去，最后他把这些管子的对应关系都弄清楚了。

老人解决了问题，凭的是什么？当然不是学来的知识。其实，这是在经验的基础上加上悟性才能够产生的一个实用的方法。什么是大智慧？这样的悟性就是。

知识可能是产生智慧的基础，但知识未必直接导致智慧。

真正有智慧的人，虽然从外在因素来说是可以学的，但内心必须有自己的酝酿。那么，什么是自己内心的酝酿呢？

我们先来看看孔子的境界。孔子能够做到的境界非常难得，叫作“子绝四”，也就是他把四样毛病在他这儿基本上杜绝了。哪四样呢？即“毋意，毋必，毋固，毋我”。（《论语·子罕》）

什么意思？第一是“毋意”，“意”是主观臆断，就是一件事情摆在那儿，没有什么真凭实据，拍脑袋一想就说它是怎么回事。这样的事孔子基本上不做。

第二是“毋必”，也就是说他没有抱一种必然的期待，说一件事情必须按照我的思路去走，必然有个什么结果。

第三是“毋固”，也就是说不固执己见，要真正尊重这个事情的规律，尊重它的变化，然后去找它的客观走向，而不是固执于心。

第四是最难的，就是“毋我”。最后能够让自己达到一个浑然忘我的境界，然后去真正完成对客观事物的判断。这容易吗？非常不容易。

人要想真正达到大智慧，最后都是要叩问内心的，就是自己的心灵智慧能够达到什么样的境界。

——于丹心语

其实，人要想真正达到大智慧，最后都是要叩问内心的，就是自己的心灵智慧能够达到什么样的境界。

今天的世界很纷繁复杂，所提供的机遇不一而足。面对这样的世界，我们心中那种固执的心理应该是越来越少的，因为在多样化的世界上我们可以有多样化的选择。

可是，有些孩子四五岁的时候，父母就教他说：“我以后要上北大，我以后要念清华。”到了六七岁，就教他说：“我就要上北大中文系，我就要上清华建筑系。”这一方面是家长觉得让孩子立了志，但另一方面，孩子的那种“必”与“固”的心理在心里就越来越深。也就是说，将来他没考上北大中文系，去了西语系，他就认为这是失败的；他上了清华的管理系，没有上建筑系，他也认为是失败的。

其实，有时候我们转换一个思路，比如说，人生不一定那么强调唯一性的目标，但你要有一个清晰的方向，这就会让自己宽容很多。

什么叫目标？目标就是一个点，就是从我这里走过去，鼻子尖必须碰在那个点上，这才叫达成目标。

什么叫方向？就是从我这儿走过去，那个目标偏左十度，偏右十度，有个夹角，在这二十度之内，只要我能触达其中任何一个点，都在我的方向之内。

我们想想，只要我知道我是向北走的，我不会走到正南、正东、正西去，那么北偏东十度、北偏西十度不可以吗？人生如果给自己这样一种宽容的态度，就会破掉很多盲目的执着。

在这样坚持自我的内心中，要有方向，再来与客观环境进行调试，不断地在这种调试中去实现自我，才是最有意义的人生。做到这一点，就是智慧。

我们可能很迷惑，一个人怎么样才能够“毋我”呢？把心中那种特别自我的东西、令人困顿的东西也破除掉，容易吗？

禅宗语录中有很多有意思的问答，这是智者听了就悠然心会的话。

一个弟子去问高僧：我怎么才能得到解脱啊？这其实是我们很多人心里的声音。高僧只问了他一句话：是谁绑住了你？

这个弟子又问：何方才是真正的净土啊？高僧又反问他：是谁污染了你？

弟子又问：怎么样才算是真正的涅槃啊？高僧问他：是谁把生死给了你？

我们想想，这样的对话，其实就让我们走到了生命的本初源头上，变得超脱了。

我们说，中国儒家有很多观点在思想上是极其深刻的。

它是一种接近纯粹哲学意味的东西，但是如果我们能够在今天的现实里把它化用于实践，它在你的心里就会点醒一种彻悟。这种方法能够给你一个光明的出路。

有了外在的学习，又有了内心的彻悟，达到这种内外合一的时候，其实还要有一些现实的方法运用到我们的生活里才行。

孔子给我们提示了这样的方法。他说："吾有知乎哉？无知也。有鄙夫问于我，空空如也。我叩其两端而竭焉。"（《论语·子罕》）

孔子说：你说我算是一个有智慧的人吗？我没什么大智慧。"有鄙夫"，也就是有个大老粗，他来问我一些问题，我脑子空空荡荡的，所以我就回答不上来。没有谁是全知全能的。但是孔子说：我有个方法，就是我遇到任何事会"叩其两端而竭焉"。也就是说，一事当前，人要跳得出，不要沉浸在这个事情的过程中，纠缠于细节，而是要抓住这件事情的两个极端，就能求得事情的解决，知道问题的真相。

凡事在你眼前，你就问问自己，最好能怎么样，最坏能怎么样？然后你才可以决定怎么做。这叫"叩其两端"，就是问它两端的极值，然后来统观全局。

这里要说到一个有名的小故事。德国一所小学的课堂上，有一个小男孩特别淘气，从来不认真听讲，老师实在太烦他了，为了让他安静一会儿，给他出了道题，随口说："你坐在那儿算，一加二、加三、加四、加五、加六，一直加到一百，你去算吧，最后得多少？"

老师转身接着讲课，没过几分钟，这小男孩站起来说是五千〇五十。老师大吃一惊，问："你怎么算出来的？"那小孩说："一加一百是一百〇一，二加九十九是一百〇一，三加九十八还是一百〇一，这样两头加，加到中间，五十加五十一还是一百〇一，那么五十个一百〇一不就是五千〇五十吗？"这个小孩就是后来的大数学家高斯。

小高斯用的这个方法，就是一个特别简单的"叩其两端"的方法。

我们会碰到许多问题，关键在于要找到一种最简便的解决方式。在生活里，我们多容易按照既定的逻辑去走啊！我们能跳出来吗？只要我们问一问所谓最好和最坏的情况，也就跳出来了。

我们按这样的思路去解决问题，就不至于在细节的纠缠中耗费太多细腻的心思。

关于智慧，每个人如何去彻悟，还是有方法可循的。所以，以知识作为积淀，以智慧作为我们努力提升的境界，每一个人循着自己的心往前走，都能够找到他生命的意义，丰富他的人生。

孔子有一句话说得好，"人能弘道，非道弘人"。（《论语·卫灵公》）"道"指天地大道，天地间真正的道理，也包含着很多知识。"人能弘道"，人可以使这种道义弘扬、扩大，而不是说一个死的道理、死的知识，摆在那里，它就一定能够让一个人丰富壮大起来。"弘道"，关键就是人怎么去把一个道理运用到自己的生命实践中，让自己真正把它激活。

一切澎湃于心，让我们真正能够在心里面有所酝酿的东西，都值得我们去努力。

——于丹心语

子曰："知之者不如好之者，好之者不如乐之者。"

——《论语 · 雍也》

我们的生命是用来做什么的？它不仅是一种思想、知识的载体，而且是一个可以激活"道"的主体。一切澎湃于心，让我们真正能够在心里面有所酝酿的东西，都值得我们去努力。

从事任何一个职业，学习任何一门学问，最好的境界是什么呢？孔子说："知之者不如好之者，好之者不如乐之者。"（《论语 · 雍也》）这是三个不同的层次。

在今天，"知之者"不难做到，我们去学一门知识，拿一个文凭，读一个专业，多简单啊。拿到的文凭，就是你进入这个行业的敲门砖，你拿着这个文凭就可以说我已经是"知之者"，但这是最低的层次。

比这个更高级的是"好之者"，就是对这个行业，我有一种真正的爱好，我会孜孜以求，会在这个事情里不断灌注自己的热情、灵感，不断探寻追问，最后把它激活。一般人会觉得"好之"已经不容易了，能够那么投入也就更是难得了。"好之者"固然投入得深沉，但有时候未免会觉得沉重，有人会把毕生的精力包括休闲的时间都用在上面。"好之者"，我们经常表扬他们的一个词叫"呕心沥血"。但是，显然这还不够理想。

用孔子的话说，最高的境界叫"乐之者"，也就是说乐在其中，生命在这个职业中的穿越是莫大的享受，这个过程时时刻刻都是快乐于心的，他所得到的也许不是一份薪水，不是一个业绩，不是一个表扬，而是自己生命的那种大欢欣。

也就是说，"乐之者"的这种境界，就是我学了一种知识，做了一份职业，在终极穿越的过程中不仅是这个行业成全了我，而且由于我自己的心智成全了这个行业，在这种相互成全中，我获得莫大的享受与欢乐。这是一个大境界。

我们从一开始就说到智慧，这个世界的智慧有些是可以去观察的，有些是可以去感悟的，循着圣贤讲的这么多道理走下来，最后我们会知道，智慧最高的境界在于自己心中通彻的透悟，最终成就生命的欢欣。

所以，只要有自己的心智在，智慧才能够从知识转化而来。这种融入你心智的东西，是内心中最好的酝酿。

有一个小故事说得好。有一个哲学家，他每天都在思考人跟世界之间的关系。有一次，他要做一个主题演讲，他很困扰，不知道怎么来把这个关系理顺。他准备演讲稿的时候，他几岁的小儿子在旁边不停地捣乱。

他没法安抚住这个孩子，烦得不行，就随手翻杂志。忽然翻到杂志的封底，是一个花花绿绿的世界地图，他就顺手把这一页撕下来，撕成了很多碎片扔在地上，跟孩子说："你现在把这张图画给拼上，能拼好就给你奖赏。"他给了孩子一卷塑料胶条。他想，这么大点的一个小孩，这个图够拼两个钟头的，这回可以安静了。

结果，还没有半小时，那小孩就拎着用胶条拼好的地图来了，说："爸爸，我把它拼好了。"他一看，大吃一惊，竟然拼对了。这个孩子根本没有地理概念，他就问孩子是怎么完成的。

那孩子笑嘻嘻地把这个地图翻过来给他看，说："爸一个人正确了，他的世界大概也就正确了。
——于丹心语

爸，我发现这面是一个人的头像，我是按照这个人头拼的。我想，这个人如果是正确的，那么那个世界大概也就正确了。”这个哲学家恍然大悟，他马上知道了第二天要演讲的主题：一个人正确了，他的世界大概也就正确了。

“一个人正确了，他的世界大概也就正确了。”明白这个道理，就是生活里面最高的智慧。这种智慧发乎心灵，止乎生命。

学习之道

好剛不好學

其蔽也狂

在今天这个时代，信息纷纭复杂，很多无用、无效的信息，充斥着我们的头脑、耳目。我们静心想一想，这些东西我们真的需要吗？

人只有通过学习，才能知道哪些东西真正有价值。但是，很多时候，我们虽然学习了，但未必有效率，学到的东西也未必都对我们有价值，未必都能深入自己的生命中去。

我们该问问自己，我们要学些什么？应该怎样去学习？学到的东西又怎样才能跟我们的生命融合起来？

我们提到过，《论语》里面有很多智慧，那么，智慧在人心里是怎么酝酿起来的呢？

一个很重要的方法就是后天的学习。每个人都有向学的心愿，可各人的学习质量不同。什么人能够真正学出效率来？这里面大有深意。

孔子不是一个空想主义者。他曾经说："吾尝终日不食，终夜不寝，以思，无益，不如学也。"（《论语·卫灵公》）也就是说，一个人要是每天连饭都不吃，连觉都不睡，天天在那儿冥想，一定要把世界想明白，那想破了脑袋也没有多大用处，还不如好好去学。

在这个世界上，有很多概念都是一字之别，人有雄心是好事，要有野心就不大好了；人有理想没有错，但仅仅停留在空想的话，那也就是一场梦而已。怎样能够达到一个可行的理想之境？

一个人需要不断地学习，才能达到理想的可行之境。

在学习的时候，学问须化入内心，不然每天在真正的学问之外打转转，那也是不行的。所以孔子还说过："群居终日，言不及义，好行小慧，难矣哉！"（《论语·卫灵公》）有时候一帮人在一起，群居终日，看着挺热闹，可能也能学点东西，但是你觉得大家老说不到点子上，言不及义，然后这些人还"好行小慧"，就是耍小聪明，卖弄小技巧。这些都不是一种大格局。孔子说，这些人就太难教导了。你要想让他们的生命境界再提升、再开阔，能够有很高的层次，那也真是难事。

我们经常说到一个词，就是说某人有"局限"，比如说他工作方法有"局限"，思维方式有"局限"。何谓"局限"？局限局限，是因为格局太小，所以为其所限。

在这个世界上，每个人的人生都是不一样的，甚至差别非常大。

如果你想达到一个开阔的生命境界，那你首先要问问自己，我的生命格局到底有多大？

学过下围棋的人就有一种感觉，一开始是老师一个棋子摆在那里，你一个棋子贴上去，最后你只能在一个小小的角落里拣零头。好老师就会教学生，先不要去学这样的一目一目的计算方式，而是要在整个棋盘上学会布局。局布大了，一块失掉，别的地方还可以做活。

一个人的生命如同下棋，要看在多大的格局上展开。

一个人精通一门小技艺不是难事，但是他终其一生，可

一个人的生命如同下棋，要看在多大的格局上展开。
——于丹心语

能得到的只是树木，而不是森林，只是棋盘的一角，而不是全局。

难道人多，老在一起说、议，就一定有大智慧吗？有时候，一个人如果不自省，总在那儿议论，可能议论的东西完全是无用信息，是浪费精力。

大家知道，苏格拉底是一个雄辩家，也是一个哲学家。有人去找他学演讲的技巧。这人说：“我的底子很好。”从进门之后他就滔滔不绝。他说：“你看我之所以有勇气到你这儿来，就因为我天生有语言才能，我思维敏捷，我知道哪些事情，我的底子有多好……”

苏格拉底看看他，说：“你得交双份学费了。”他说：“为什么啊？”苏格拉底说：“我在教会你怎么使用舌头之前得先教你怎么管住舌头。”

你以为一个人滔滔不绝

陈传席《游山》（局部）

就一定意味着有智慧吗？孔子说："道听而途说，德之弃也。"（《论语·阳货》）一个人从道上刚听见传言，转身在路上就开始跟别人说，飞短流长，这个世界上的许多伪信息就是这么传播开的。孔子说，这不是一种真正的道德所需要的作风。

有一个故事说得好。有一位哲人，素来沉默。有一天，他的一个朋友飞奔而来，满脸神采飞扬，跟他说："我要告诉你一个特别重大的消息。"

哲人拦住他说："你任何消息说出口之前要过三个筛子。第一，你确认这个消息是真实的吗？"那个朋友就打了个愣，说："我没这么想过，不一定。"

这个哲人笑了笑，说："第二个筛子，你确认这个消息是善意的吗？"那个人想了想，又不是很肯定。

我们知道，这个世界上恶意消息的传播往往比善意消息的传播广泛得多，负面的新闻大多比正面的新闻要传播得快。

接着，这个哲人又问了第三个问题："你用第三个筛子过一下，这个消息真的那么重要吗？"这个人想了想，说，好像也不是太重要。

这个哲人说："三个筛子过完了，你这个消息就是不说出来，你自己也不会受它困扰了。"

我们想一想，道听途说的事情，使你一时兴奋，但是如果真过了这三个筛子，还一定非说不可吗？生活中的信息、知识非常庞杂，接受哪些，不接受哪些；学哪些，不学哪些，怎么不先过过脑子呢？

孔子说："德之不修，学之不讲，闻义不能徙，不善不能改，是吾忧也。"（《论语·述而》）他说，如果一个人的道德没有修养起来，对于学问又没有真正去讲求，那么，他在这个世界上就没有一个参照系，听到正义的事情也不能自己去做，看见自己有不善的地方也不去改正。孔子说："这些都是我所担心的事情啊。"

进一步讲，假如一个人的学问很多，可是学了东西以后，对他的生命却没有什么意义，他仍没有长进，那么这东西能成为学问吗？

在今天这个时代，世界上充满了纷纭复杂的信息。很多无用、无效的信息，没有经过任何筛子过滤的信息，充斥着我们的头脑、耳目。

我们静心想一想，这些东西我们真的需要吗？

那么，什么东西对我们是真正有价值的呢？这样的东西何处才能学到？学到的东西又怎样才能跟我们的生命融合起来呢？

今天我们提起的孔子，都知道他在历史上被称为"至圣先师，万世师表"。很多人都问过我这样一个问题：孔子离我们今天的时代这么远，当时物质生活那么贫瘠，孔子是怎样形成他的思想体系的？他从哪儿学的？

这个问题，与孔子同时代的人就曾经问过。人们不好直接问孔子，就去问他的学生。"卫公孙朝问于子贡曰：'仲尼焉学？'"你老师在哪儿学的这么多东西？子贡怎么回答呢？"子贡曰：'文、武之道，未坠于地，在人。贤者识其大者，不贤者识其小者。莫不有文武之道焉。夫子焉不卫公孙朝问于子贡曰:“仲尼焉学?”

子贡曰:“文、武之道,未坠于地,在人。贤者识其大者,不贤者识其小者。莫不有文武之道焉。夫子焉不学?而亦何常师之有?”

——《论语·子张》

学?而亦何常师之有?’”(《论语·子张》)

子贡的回答是什么意思?就是说,文王、武王之道,古圣先贤传下来的道理,从治国经世的道理到修身齐家的学问,并没有到今天就失传了,沦丧了。在哪儿呢?都在人的身上,在人间的传承里。

也就是说,古往今来的学问不仅仅是刻在竹简上,写在纸上。不仅仅是形成文字的东西叫知识,人的行为、价值观、习惯、礼俗,这一切都是知识的传承,都体现在人的身上,只不过人们表现得不一样罢了。

“贤者识其大者”,有生命大格局的人,贤达通透的人,他表现出来就是道理里的大处;“不贤者识其小者”,格局小的人,悟性差点的人,表现出来的无非是那些道理的小处。大处可以学,小处也可以学,所以子贡说:“我的老师怎么会不随时随地都在学东西?”

孔子的思想体系从何而来?很简单,他是从人身上学到的。可是,他是简单地学吗?他是综合感悟,最后形成自己的体系。可见,这个世界上,其实法无定法,师也未必有常师。

子曰:“三人行,必有我师焉。择其善者而从之,其不善者而改之。”

——《论语·述而》

你需要向不同的人去学习东西。孔子说:“三人行,必有我师焉。择其善者而从之,其不善者而改之。”(《论语·述而》)几个人走在一起,必定有可以做我老师的人。怎么跟他学呢?无非见到好的东西就跟他学,见到不好的东西就在心中警戒自己一下,以免犯同样的错误。

向书本学,不如向人世学。

——于丹心语

向书本学,不如向人世学。如果有这样一种学的悟性,处处皆可学。子贡问孔子:孔圉这个人为什么得到“文”

的谥号？孔子回答说：“敏而好学，不耻下问，是以谓之‘文’也。”（《论语·公冶长》）孔子说，这个人聪敏勤勉而又好学，不以向比他地位卑下的人请教为耻，所以给他的谥号叫“文”。

一个人内心有智慧，敏感多思，而且愿意好好去学，甚至乐意向比自己差的人去请教问题，这是一种难得的态度。

这种态度后来被孔子的学生曾子进一步表达过。曾子说：“以能问于不能，以多问于寡，有若无，实若虚，犯而不校。昔者吾友尝从事于斯矣。”（《论语·泰伯》）

什么意思呢？曾子说，一个人他自己是有能力的，还向没什么能力的人请教；一个人他自己是很有学问的，还向学问少的人去虚心求教；一个人生命中是有格局的，但是他看起来好像什么都没有；一个人自己本来已经是很充实的了，但是他看起来却虚怀若谷；一个人保持一种谦逊的、空灵的、虚静的、安闲的状态，就算有人冒犯他，他也不计较——从前我的一位朋友便是这样的一个人。

我们想一想，一个人越是剑拔弩张、凌厉过人，是不是越容易受到冒犯？只有一个宁静的人，才可以做到“犯而不校（较）”。这样好学而又虚心、充实而又宁静的状态，是曾子羡慕的境界。历代《论语》注者都说曾子所说的这个朋友是指颜回。颜回就是一直能够这样做的人。

在这两段话里，都牵扯到一个概念，就是“不耻下问”。其实，什么是“下”呢？我们不去说知识、地位、阶层，简单的“高”与“下”就是年龄，比如说大人就一定有资格、有权力训诫小孩子吗？孩子的视点难道不能够给我们提供另一个坐标吗？在今天，我们可以换一个逻辑起点，未必要较“高下”，不过是换一个思维的角度，换一种思考的方式。

1975 年，七十多位诺贝尔奖获得者在巴黎举行过一次盛大的聚会，有很多媒体来采访。其中一个问到这些获奖者的问题是：你们这些杰出的人物，到底是在哪一所大学、哪个实验室学到人生中最重要的东西的？结果大家认为最有价值的答案是什么呢？是幼儿园。

有一个科学家说：“我在幼儿园里学到了很多东西，如要善于跟他人分享，要遵守制度和规则，饭前要洗手，对人要谦逊礼让，如果自己不小心做了错事要学会道歉。这些道理都是我在幼儿园学到的。”

假如让我们回到幼儿园，有很多道理就会很简单，因为那不过是一种朴素的思维方式。

孩子的思想，有时候是直接而简单的，但是它可能最贴近真理。

有一个测试很有意思。一个热气球上面有三个人，它在上升过程中出了故障，必须舍弃一个人才能够确保另外两个人的生命安全。但是，这三个人都是世界顶尖的科学家：一个是环保学家，他能够保障这个世界的生态平衡；一个是核专家，他能够去抑止战争；还有一个是农学家，他可以保障我们的粮食供给。那么，这样三个人，你会舍弃谁呢？

按成人的逻辑，一直都在比较环保、和平与粮食哪个更重要。这时候一个孩子喊了一句：“把最胖的那个扔下去！”这个答案是最简单的，但它是最合理的。

孩子有时候也会教给我们另外一种思考的方式。一个孩子跑回家，兴高采烈地跟他爸爸说：“你知道吗？苹果里面藏着星星，你想要多少颗就有多少颗。”他爸爸想，这又是童话，就支支吾吾地说知道了。孩子说：“不，我一定要你看见。”他就顺手拿过一个苹果，拦腰切了一刀。

苹果的横切面就是一颗星星的形状。孩子又切了一片，于是出现第二颗星星。孩子横着一片一片地切下去，他爸爸瞠目结舌地看到眼前的苹果里跳出一颗又一颗星星。孩子的发现是对的。对孩子来说，苹果里藏着星星，并不是一个童话，而是一个事实。

我们成人呢？吃苹果从来都是竖着把它剖开。我们不喜欢切横断面，所以从来不会想到苹果里藏着星星。

什么是“不耻下问”？有时候，孩子可以是成人的老师。“不耻下问”不见得一定是说我们向比自己学历浅、地位低的那些人去请教。很多时候，像孩子看世界一样，转换一种思维的方式，也许就会让我们学到更多。

我们该怎么样去学习？学习这件事，不怕联想，要举一反三。孔子的教育方法就是这样。孔子从来不是一个赶着在学生不耐烦的时候填鸭一样去教育的老师，孔子的原则是：“不愤不启，不悱不发。举一隅不以三隅反，则不复也。”（《论语·述而》）

什么叫“愤”？就是一个人他的心思用啊用啊，用到快要穷尽处，特别想要探索，想要发奋努力知道结果。老师说:“没到这个份儿上我就不去开导他。”什么叫“悱”?就是一个人心中若有所思,但嘴上就是说不出来,着急。老师说:“不到这个份儿上我不去启发他。”

在这个世界上,只有被期待的信息才是最能有效传播的信息,一定要等到人家有那个愿望,传播起来效果才最佳。“不愤不启,不悱不发”,只有到这种时候,老师才跟你说,启发你。

但是,这时候还要看你是不是能够做到举一反三。“举一隅不以三隅反,则不复也”,就是说,跟你说了这一个叫墙角,不能看到这屋子还有另外三个墙角,那就不再教你了。我点到了,但你要是没有这个领悟的能力,我就不给你多讲了。当然,举一反三,这种善于在事物之间建立联系的方法并不容易做到。不过,我们都应该努力去做,更好地去学习。

一个好老师,不见得要苦口婆心、喋喋不休才有最好的教育效果。好老师,有时候就是画龙点睛,因为他会让学生自己去完成那个思考和彻悟的过程。

孔子还有一样很厉害,就是他能够做到因材施教,所以,同样的问题在他这儿得到的答案可能会不一样。“子路问:‘闻斯行诸?’子曰:‘有父兄在,如之何其闻斯行之?’冉有问:‘闻斯行诸?’子曰:‘闻斯行之。’公西华曰:‘由也问“闻斯行诸”,子曰,“有父兄在”;求也问闻斯行诸,子曰,“闻斯行之”。赤也惑,敢问。’子曰:‘求也退,故进之;由也兼人,故退之。’”(《论语·先进》)

什么意思呢?子路来问老师:“听到一件事,我马上就要做吗？”老师说：“有父兄在，你就敢贸然行动？”你还有家长呢，你不请教他们，你上来就做，好像不合适吧？

这时候，冉有也来了，说：“听到一件事，就要做吗？”还是同样的问题，老师却断然地说：“听到了就要做。”

第三个学生公西华听见了，说：“这两人问的问题一模一样啊，为什么跟一个人说他有父兄在不能这么做，跟另外一个却说你马上就这么做。我越听越迷惑，老师，为什么呢？”

老师回答说，冉有这个人生性就怯懦退缩，他做什么事都犹豫不决，他老往后退，所以要鼓励他赶快去做，给他一种下决心前进的力量。子路这个人，从来就是勇猛过人，勇于做事，就要让他谨慎一点，多思考，凡事掂量之后再去做，所以给他往后退的力量，约束一下他。

这就是孔子的教育。

在这个世界上，不同的人问同一个问题，可以获得不同的答案，原因就在于所针对的主体不同。

我们经常会遭遇一些终极追问，比如说人生终极价值是什么？人为什么要活着？什么样的人生才叫成功？怎么样的生活才是美好生活？从某种意义上讲，这些终极追问如果不和个人的生命相结合，就是伪问题，因为这个世界上一千个人就有一千种幸福或者痛苦，每个人的生命状态都各有不同。

什么是真正的学习？有一个秘诀，就是首先把自己的主体亮出来，根据自己主体的所需去学习。我们知道，医生不会将同一种维生素开给所有的人，因为有的人缺少这种维生素，有的人缺少那种维生素，每一个人都是针对他自己所缺少的部分去进行有机的补充，才能达到生命体的平衡。同样，一个人的心智思想，都需要有这样的综合平衡。

也许我们没有孔子这样的老师，但是这世界上哪里就有常师呢？只要我们善于学习，老师就无处不在。不过，我们先要了解自己是个什么样的人。如果我们自己的心里先有这样的斟酌，就不难进行有针对性的学习和探索，我们的生命就会达到平衡。

每一个人，他的生命态度会决定他跟世界之间的关系。有一个故事说得好。一户人家有两个截然不同的孩子，一个天性乐观，一个天性悲观。父亲很发愁，就决定用环境改变他们。他把那个特别乐观的孩子关在马厩里，锁上门；把那个特别悲观的孩子放在屋子里，买了许多新玩具把他团团围住。

天擦黑了，爸爸先来看看悲观的孩子高兴了没有。他进去一看，那孩子坐在玩具堆里满脸是泪，一样玩具都没打开。爸爸问他："你为什么不玩儿呢？"孩子说："这一下午我越想越伤心，任何一个玩具，只要玩了它就会坏的，所以我都不知道应该先打开哪一个。"

爸爸去马厩一看，那乐观的孩子满身马粪，欢天喜地地还在马粪堆里刨着呢。爸爸问他："你找什么呢？"孩子说："爸爸啊，我一直觉得这马粪堆里会藏着一只小马驹，我都找了一下午了。"

你想想，这就是两种不同的态度。在这个世界上，不一定是外在的一切决定一个人的生活品质，常常是他内心的取向决定了他的生活品质。

不同的学生，不同的个人，在学习的时候，都需要扬长避短。从某种意义上讲，我们完成的就是长处与短处的匹配和制衡。

就在这样一个学习过程中，我们能够学到太多深深浅浅的知识和感悟。可是，人这一生为什么要学习呢？

孔子有一个说法："诵《诗》三百，授之以政，不达；使于四方，不能专对；虽多，亦奚以为？"(《论语·子路》)

大家知道，《诗经》过去是拿来做教科书的，因为"诗，可以兴，可以观，可以群，可以怨。迩之事父，远之事君；多识于鸟兽草木之名"。(《论语·阳货》）人们能从《诗经》里面学到很多东西，如联想能力、观察能力、合群能力和劝谏能力都能得到提高，可以运用其中的道理近侍父母、远侍君上，还能多多认识鸟兽草木的名称。

孔子说，如果有一个人，他"诵《诗》三百"，把《诗经》读得倒背如流、烂熟于心，但你给他一个事情做，他却磕磕绊绊完不成，让他出去办个外交谈判的事情，也不能很顺利地跟人家谈判，那么就算他把《诗经》读得再多，再会背，又有什么用呢？

这段话表明了孔子的一个态度，就是要学以致用，做一个行动着的知识分子。也就是说，我们的世界一直在改变，知识分子在这个世界上的使命是什么？就是在这种改变中去承担一些责任。

在这个世界上，不一定是外在的一切来决定一个人的生活品质，常常是他内心的取向决定了他的生活品质。

——于丹心语

宋代张载说得好，他说:“为天地立心，为生民立命，为往圣继绝学，为万世开太平。”(黄宗羲等《宋元学案·横渠学案》)也就是说，你的心在天地之间要立得辽阔壮大，为百姓民生承担一些使命，将古代圣贤的绝世之学发挥、继承下来，然后为“万世开太平”，去铺路，去做事。其实，这就是学以致用的态度。

也许有人要问，学到的这些东西真的都能用得上吗?《诗经》里的知识，都带着那个时代的印痕，搁在今天怎么能够使用呢?

古代的许多知识，在一定条件下是可以在今天的生活中被激活的。与此类似，现在有很多学生可能学富五车，可能拿到很高的文凭，但是如果没有生活经验的话，有时候他的学问也不能真正被激活。

在爱迪生的实验室里，曾经有一个人毕业于名牌大学，数学很好，是爱迪生的得力助手。

爱迪生做实验，忙不过来，顺手拿了一个梨形的玻璃泡给这个助手，让他赶快把这个梨形玻璃泡的容积计算出来。这个助手一时发蒙，可真是犯了大难。他想，这个梨形的东西怎么算容积?它下半段是圆的，上半段是长的，就是找不到一个公式来计算它的容积。

爱迪生正忙着做实验，过了好长时间，看见助手还在那儿摆弄，拿着许多仪器在测量计算。爱迪生忍不住了，顺手拿过那个梨形玻璃泡，在里面灌满了水，然后把水倒在一个量杯里，告诉助手，这就是它的容积。

什么是学以致用呢?真正的学问往往是在最简单的地

方。爱迪生的这个故事就是例证。

在今天这个时代，要学以致用，不仅是要考察你的智商，还考察你的情商，看你怎样去变通。

有一个招聘故事说得很有意思。一个总经理要招聘助理，同时有三个应聘的人：一个人有非常高的学历，是博士；另一个人有十年以上的工作经验；还有一个人，显然不如前两者，学历不够高，工作经验也不够多，是刚毕业不久的普通大学生。

总经理在自己的办公室，对秘书说："叫他们都进来吧。"秘书说："你让他们坐哪儿？你的办公桌前面都空着，没一把椅子。"总经理说："就这样吧。"

博士第一个进来了，总经理笑着跟他说："请坐。"那博士特别尴尬，四处看看没椅子，说："我就站着吧。"总经理还说："请坐。"博士说："我没有地方坐啊。"总经理看看他，笑了笑，问了他几个问题，就让他走了。

第二个人进来了，总经理又跟他说"请坐"，他就一脸谄媚，很谦卑地说："不用，我都站惯了，咱们就这么聊吧。"总经理跟他聊了几句后，让他走了。

学生第三个进来了，总经理说"请坐"，他四下看看说："您能允许我到外面去搬一把椅子吗？"总经理说："可以啊。"这个学生出去搬了把椅子进来，坐下后就跟总经理聊起来。

最后，这个学生被留了下来。

这个故事是什么寓意呢？第一个人可能知识很多，但是他不能变通。第二个人经验很多，但是他又受经验的局限。第三个人介乎知识和经验之间，他知道在当下怎么样做是最合适的。

这里我们要说，在学以致用的时候，没有哪一个用法就一定是对的，这里面要有变通。在孔子看来，变通是一个很高的层次。他说：“可与共学，未可与适道；可与适道，未可与立；可与立，未可与权。”（《论语·子罕》）

我们看看，这里面讲了不同的层次：第一个层次叫作“可与共学”，有些人你是可以跟他一起去学习的。这几乎是个零门槛，很多人都想学习，那就一块儿学吧。再往上一个层次就难了，“未可与适道”，不一定每个人都能够找到那个道理。如果“可与适道”了，那再往上一个层次还是很难，“未可与立”，不见得都能立得起来，有所坚持，有所树立。

大家觉得，要是能有所树立，这个层次已经够高了吧？孔子说，就算这个人学问能“立”起来了，道理上都想明白，能做成了，还要再上一个层次，就更难了，叫“未可与权”。权，秤锤，引申为权衡轻重，也就是权变。可以在一起有所树立、有所成就的人，但未必都能做到通权达变。

当下一件什么事情不太容易做，怎么办？我们经常说到“权宜之计”，就是变通一下，换个方法做，或者换个思路做。一个人坚持容易，变通难。但是一定要先有坚持，如果没有坚持，直接就变通，那是随风倒，没有原则。坚持原则之后还能通权达变，这个层次就很难。这是一个很高的境界。怎么样才能够学到这样一个境界呢？

有一个故事说，兄弟俩带着一船烧得极其精美的陶瓷罐子，去一个大城市的高档市场上卖。一路颠簸辛苦，就在船快要靠岸的时候，遇上了大风暴。一场惊涛骇浪之后，两个人精疲力竭，命是保住了，可船靠岸一看，几百个瓷罐一个完整的都没有了，全都碎了。

哥哥坐在船头号啕大哭，说："这些罐子每一个都是精心烧制出来的，罐子上面的纹路、图案都漂亮极了，我们所有的心血都白费了。到一个大城市，破罐子可怎么卖？我们就是修修补补、粘粘贴贴，也卖不出去了啊。"

在他大哭的时候，弟弟上岸了。弟弟到最近的集市上转了一圈，发现这个大城市人们的审美艺术趣味都很高，不管是咖啡馆、商场，还是家庭，都特别重视装修。他拎着把斧子回来了，叮叮当当把破罐子砸得更碎。哥哥非常恼火，问："你干什么呢？"弟弟笑着说："我们改卖马赛克了。"

兄弟俩把所有的碎片卖到装修材料点。因为罐子本身设计特别精美，所以打成碎片以后特别有艺术感。大家一看碎片非常不规则，又这么漂亮，都很喜欢。结果这些碎片作为装修材料卖了一大笔钱。兄弟俩高高兴兴回家了。

这个故事说明了什么呢？说明了权变的重要性。也就是说，当完整的陶罐不复存在的时候，就让它们破碎到极致，换个方式去卖。这不是换一种思维方式吗？

有时候，思路的转换也是一种智慧。这是在学问做到极致以后才能获得的智慧，这就是一种权变。在这个世界上，没有什么是绝对的对或错，对于一件事，一定要看时

善于转换思路，是一种大智慧。
——于丹心语

机,一定要看主体,一定要有前提。

孔子也不常常是一个教导者,他也有疑惑的时候。有一次,他不清楚公叔文子是什么人,就跟别人询问。“子问公叔文子于公明贾曰:‘信乎,夫子不言,不笑,不取乎?’公明贾对曰:‘以告者过也。夫子时然后言,人不厌其言;乐然后笑,人不厌其笑;义然后取,人不厌其取。’子曰:‘其然?岂其然乎?’”(《论语·宪问》)

这段话什么意思呢?孔子曾经请教别人:“听说公叔文子这位老人家,从来都不说话,不笑,也不拿钱财,真是这样吗?”公明贾答道:“这是告诉你的那个人讲错了。他老人家到该说时才说,因此别人不厌恶他说话;快乐时才笑,因此别人不厌恶他笑;合于礼义的钱财他才取,因此别人不厌恶他取。”孔子说:“原来是这样啊,难道真是这样吗?”

你看,公叔文子这个人是非常有分寸的。他话是少,但是他一定要到该说的时候才说话,所以别人都不烦他说话;他笑得少,但要真到了快活的时候,如有人说了一个特别好玩的笑话,出现一个特别有意思的场景,或者一个大欢喜的场面,他也笑,所以没人讨厌他笑;他对钱财不是一概都拿,该他拿的他才拿,所以他拿了,也没有人指责他。

这个世界上有绝对的正确吗?真正的学习,学到的知识一定是带着环境来的。有时候在一个环境里面,你该这样做,但在另一个环境里,你该那样做。就像公叔文子一样,看具体情况,他才说话,才笑,才拿东西。

有一个哲人给学生上课，问过这么一个问题：一个人非常脏，另外一个人很干净，请问这两个人谁会洗澡？

一个学生回答说："那当然是脏的人洗澡。"老师说："不对，因为脏的人他一直就很脏，他不觉得自己脏，而干净的人他到哪儿都要干净。"

第二个学生就说："那当然是干净的人洗澡。"老师又说："不对，你想啊，干净的人他已经不需要洗澡了，而脏的人需要洗澡。"

学生们糊涂了，那到底谁会洗澡呢？

老师说："每个人都可以从不同的角度来思考这个问题，需不需要，愿不愿意，答案都是不相同的。"

所以，很多事情其实就是需要通过在不同的角度上思考来解决，换一个角度看，结果也许就会大不一样。这对我们的学习是一个启发。

有一位修禅访道的人去请示老师，说："每一个人跟别人的关系到底怎么样才叫合适啊？"他老师跟他说："我讲四句话，看你能不能懂。"

第一句话说，"把自己当别人"。学生想了想说："我明白，一个人有大欢喜的时候看淡一点，觉得这也无非是别人的一件事；有大悲伤的时候看轻一点，觉得这事别人也会赶上，'把自己当别人'，那喜忧都能很快过去。"

老师又说了第二句话，"把别人当自己"。学生想了想说："这意思大概是说将心比心，推己及人，换位思考。"

老师说："你很不错了。"他又说了第三句话，"把别人当别人"。学生说："这个话是不是说，每一个人都是独立的，每一个人都需要被尊重，所以一定要本着别人的立场出发？”老师说：“你说到这些，说明你的悟性很好，很不错了。”

接着，老师又说出第四句话，“把自己当自己”。学生说：“这句话太深了，我还需要好好地去悟。”

我们想一想，如果你悟不透的话，以为这不过就是文字游戏，这里面“自己”与“别人”换来换去，先说把自己当别人，再说把别人当自己，再说把别人当别人，再说把自己当自己，这样反反复复，有价值吗？

其实，这些变换的价值就在于你每一次都换了一个不同的角度进行思考。一个矿泉水的瓶子，有人说它是长的，这是对的，因为他是从瓶身看；有人说它是圆的，也是对的，因为他是从瓶底看。

当你转换不同角度的时候，学习的境界就通达了，观察世界的维度就广阔了。

孔子还提出一个特别有价值的观点，就是世界上一些好的品德也需要通过学习来进行提升，而且要进行制衡。

我们想想，仁爱好吧？智慧好吧？信义好吧？正直好吧？勇敢好吧？刚强好吧？

这六种道德都很好，那么拥有这六种品德的人，他还需要学习吗？

《论语》中说：“子曰：‘由也！女闻六言六蔽矣乎？’对曰：‘未也。’‘居！吾语女。好仁不好学，其蔽也愚；好知不好学，其蔽也荡；好信不好学，其蔽也贼；好直不好学，其蔽也绞；好勇不好学，其蔽也乱；好刚不好学，其

子曰：“由也！女闻六言六蔽矣乎？”对曰：“未也。”

“居！吾语女。好仁不好学，其蔽也愚；好知不好学，其蔽也荡；好信不好学，其蔽也贼；好直不好学，其蔽也绞；好勇不好学，其蔽也乱；好刚不好学，其蔽也狂。”

——《论语·阳货》

蔽也狂。'"（《论语·阳货》）

孔子曾经问子路："仲由！你听说过有六种品德便会有六种弊病吗？"子路说："没有。"孔子说："那你坐下来，听我慢慢跟你说。"

孔子就说，一个特别仁爱的人，他如果不学习，不思考，会有一种弊端，就是愚笨，也就是容易受人愚弄。比如说，总做以德报怨的事情，就会被人愚弄。你能说这个人不仁爱吗？但是他没分寸。

孔子说，一个人很聪明，但是他要老不学习的话，最后的弊端就是这个人会活得太飘忽不定，没有根基。

孔子说，信誉好吧？笃诚守信，像尾生抱柱那样，水来了都不走，这人就未免太过愚呆。如果再不好学的话，就会容易被人利用而使自己受到伤害。我们知道，过于诚信而不知权变的人有时候就是容易被人陷害。

孔子又说，我们都喜欢正直的人，但是正直的人有时候说话不好听，说出的话尖刻得直刺人心，让人非常不舒服。就像鲁迅先生写的，给一个孩子做满月，有人来说这个孩子长大能当官啊，有人说这个孩子长大能挣钱，有人说这个孩子肯定会死的。最后这个人说的是真话啊，你能说他不正直吗？但是这个话不好听。

孔子又说，好勇而不好学者，弊端是什么呢？就是他容易被人利用去作乱。他遇事不经过脑子，不问就里，就直接采取行动了，一个一个的乱子就起于这种有勇无谋者。

最后，孔子说，一个人刚强，刚强不好吗？"好刚而不好学"，这个人就会极端狂妄。因为他刚愎自用，那就难免有狂妄自大的地方。

在这个世界上，很多东西过犹不及。人生不是说找到了一个好的基石，就会一成不变地好下去。

我们所有的美好品德，比如孔子所说的这六种美好品德，它为什么会带来六弊？这是因为，在实际的生活环境中，我们要经受社会的挑战、考验，非常复杂，如果不善于去调试、去变通，就很容易产生弱点而造成弊端。

因此，我们需要通过不断学习去了解自己，跟世界建立有效的联系；即使是“仁”“智”“信”“直”“勇”“刚”这样的美好品德，都得在学习中完成定位和制衡。

今天的社会已是一个终身学习的社会了，但是，我们学没学到真东西呢？

很多时候，虽然学习了，但未必有效率，学到的东西也未必能深入自己的生命中。

我们应该怎样建立自己的价值体系？

让我们回到刚开始的那个命题，一个人的生命格局究竟有多大？有一个弟子问老师：“你看我们每个人，身高也差不太多，活的年头长短也差不了多少，为什么有些人心大，有些人心小？心大能多大，小能多小？”

老师跟他说：“你现在闭上眼睛，用你的心造一座城池。”

弟子就闭上眼睛，在那儿冥思苦想，想了一座巨大的城池，有万仞宫墙，有深深的护城河，有花草树木，有亭台楼阁，整个城池里面，各类东西纤毫毕见，一切都安顿好了。他睁开眼睛说：“我造了一座巨大的城池。”

老师又说："你现在闭上眼睛，用你的心造一根毫毛。"

他又闭上眼睛，想啊想啊，想了一根细细的小毫毛。他睁开眼睛说："我造好了。"

这个时候，他的老师问他："你刚才跟我说造了那么大一座城池，有那么多东西，这座城池是用你自己的心造的吗？"弟子说："是啊。"

老师又接着问："你刚才跟我说又造了那么细的一根毫毛，在造这根毫毛的时候，你用的是全部的心吗？"弟子恍然大悟，他说："是啊，我造一根毫毛也想不了别的事了。"

这就是人心。我们都是要在自己的生命里去完成自己的人生格局。有些人终其一生，造的城池很大，那里面的亭台楼阁、花草树木无边无际，你可以有这样的计划，有那样的梦想，你可以去安置自己的人生，经营一生的事业，调适自己跟朋友、社会的所有关系。

也有的人，心思就绊在一根毫毛上，可能是一级工资、一个职称、夫妻间的一次口角、朋友间的一场误会——这都是一根毫毛，你有可能就被绊住过不去，因为那也是你全部的心所用力的地方。

我们会看到，同样一件事，在不同的人手里，他的思维方式不同，最后的结局也一定是不同的。

1954 年，美国有一个普普通通的推销员叫克罗克，他推销的是奶昔机。他发现，有一家快餐店居然一下子订了八台奶昔机。他一般都是一家一家、一台一台地去推销，所以他认定这是个大主顾，就一定要上门去考察一下。

到了这家快餐店，他发现，他们经营的产品、管理的方式，都非常有意思。他了解到，这家店年盈利额很大，稳稳当当超过二十五万美金。他跟这家店的店主商量，说："你能不能办成连锁加盟店，把这家店的品牌商标推广出去，我来帮你做这个事。"

店主同意克罗克成为该店在全美唯一的特许经营代理商。这个时候，克罗克早已把他的奶昔机扔到九霄云外了。于是克罗克在 1955 年开设了该店第一个真正意义上的特许经营店。此后，他创建了一套极其严格的特许经营制度，使该店的加盟店不断增多，到 1960 年，居然达到了二百二十八家。

但是，克罗克知道，他还不是这家店的主人，无法真正做大这项事业。1961 年，克罗克又想买下这家店。他想尽了所有的办法，筹到二百七十万美元。这在当时是一笔巨款，他盘下了这家店。

克罗克就这样大展拳脚。他在美国，然后在世界，从 1955 年到现在，把这家店一间一间地开下去，缔造了一个饮食帝国。他只是沿用了原来老板的姓氏麦克唐纳，这家店的标志就是这个姓氏的第一个字母：M，麦当劳。

麦当劳为什么能有今天的规模和地位？就因为克罗克不是站在自己只卖奶昔机的角度去经营，而是转换了一种经营思路。这种思考，就是一座无边的城池。

学习永远不是一件僵死的事情。
——于丹心语

学习永远不是一件僵死的事情。既然没有常师，既然无处不学，既然死记硬背这种呆板的学习方式已经被抛弃了，那么，我们就要对学习进行一番认真的思索，从而开始真正地学习。

在今天，如果我们每一个普通人都用自己的心去完成一种激活，开始真正融会贯通地学习，都站在通权达变的大智慧上，那我相信，古往今来所有的知识都会活在我们的经验体系里，所有圣贤的智慧都可以成为照亮我们自己生命道路的火把。

诚信之道

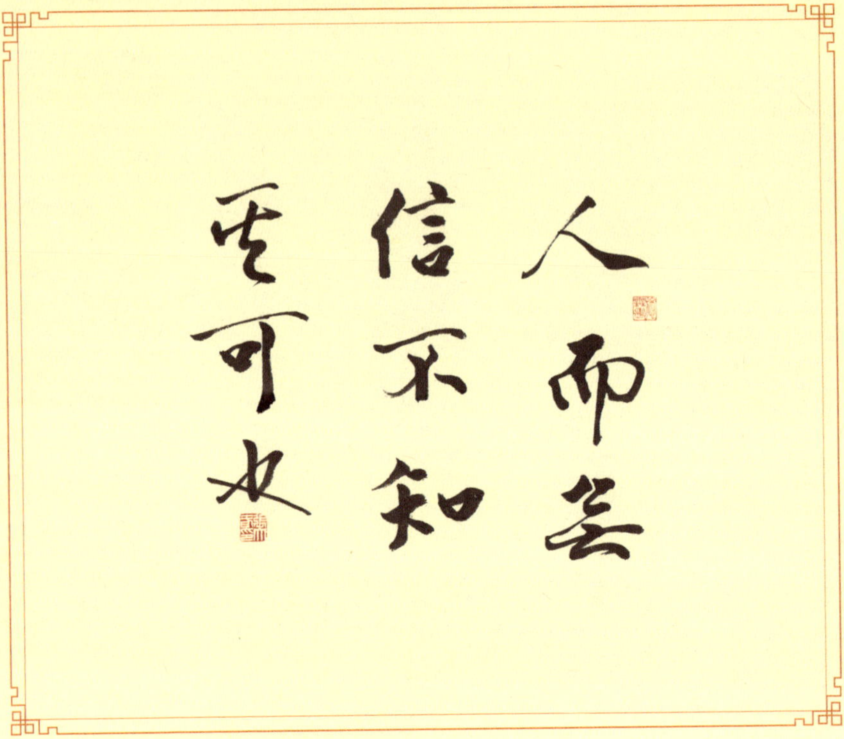

孔子说：“人而无信，不知其可也。”可见诚信在一个人的生活中所占的分量。

不过，古往今来，不知有多少人不讲诚信，却都似乎活得很自在。

难道，诚信是一种不切实际的理念吗？今天，我们还需不需要诚信？

诚信是中国儒家思想中最核心的理念之一。在整部《论语》中，我们可以看到很多关于诚信的论述。

作为做人的前提、人生的基础，《论语》提出了“信”的原则。孔子曾经说过：“人而无信，不知其可也。大车无輗，小车无軏，其何以行之哉？”（《论语·为政》）一个人要是没有信誉的话，那真不知道他在这个世界上怎么度过一生？这就好像大车没有輗、小车没有軏一样，它靠什么走起来呢？

子曰：“人而无信，不知其可也。大车无輗，小车无軏，其何以行之哉？”
——《论语·为政》

大车、小车，分别指牛车和马车。大车、小车车辕前面都有驾牲口用的横木，这横木要怎么铆住呢？就是用木销包了铁以后插在小孔里。輗和軏，就是牛车和马车上的木销。如果车上没有这样的木销，就无法套住牛马，它又怎么能行走呢？

信誉是什么呢?是你行走于世界最基础的那个保障。
——于丹心语

孔子说，一个人如果没有信誉，就好像这个车子有了横木也是虚架上的，没有关键的木销，不就无法行走了吗?对一个人来讲，信誉是什么呢?是你行走于世界最基础的那个保障。

也就是说，只有靠信誉，才能把人生这辆车驱动起来。只有信誉，才能够让你不管穿越什么样的风险、坎坷，都颠扑不破，而在坦途上一路前行的时候，也能够保障你的速度。就是因为有信誉，才让你始终是一个完整的人，可以立得起来。要是没有信誉，就缺少了安身立命最根本的条件。

孔子关于“信”的阐述都很简单，但这是他核心的教育理念之一。“子以四教：文、行、忠、信。”(《论语·述而》)孔子用四种内容教育学生：历代文献，社会生活的实践，对待别人的忠心，与人交际的信实。“文、行、忠、信”，这些东西就是孔子教导学生的基本内容。“忠”和“信”，占了很大的比重。

孔子有这样一句话：“人之生也直，罔之生也幸而免。”(《论语·雍也》)一个人要想坦坦荡荡走过一生，凭的是他为人的正直。正直的人就能安身立命，这个人的一生理所应当走得远。但是，那些不正直的、不守信用的人，那些翻手为云、覆手为雨的人，他们不是也活下来了吗?这是怎么回事呢?孔子说，这叫“幸而免”，他们是侥幸逃脱了很多本应该发生的责罚才磕磕绊绊地活下来的，他们迟早要摔跟头。

人要凭着正直去生活，如果是靠投机取巧、不守信誉去生活，那只是侥幸躲过了灾祸。

在那么久远的年代，中国儒家提出的诚信的道德理念，放到今天，它还有价值吗？

在今天的这个社会中，信誉对每一个人来讲都是一张无形的通行证。也许信誉并不直接写在你的档案里，但是，信誉是一个人的口碑，一个人做事如何，为人如何，这都会反映在口碑中，所以每一个人都可以在心中掂出信誉的分量。

在今天的这个社会中，信誉对每一个人来讲都是一张无形的通行证。

——于丹心语

江西德兴市有一个小村子叫宗儒村，村里有一个普通的农民叫王云林。2007 年 4 月，村里发生了一场山火，他帮助别人去救火，不幸牺牲了。他走后，留下一笔糊涂账。这债务怎么办呢？他的遗孀叫陈美丽，三十一岁，一个普通的农妇。陈美丽上有年迈的婆婆，下面带着两个女儿，一个七岁，一个才几个月大。丈夫走了，整个家庭的重担都压在她的肩上。陈美丽从悲痛中撑过来以后做了一件事，就是在村子里贴了一张还债告示。

她说："云林生前在村子里口碑很好，他为欠债的事情一直心不能安，我不希望他走得不踏实，所以我要把这个债还上。但是，他欠了谁的债，我都不知道。如果他真的欠了你的债，你就来找我要吧。"

还债告示贴出去以后，很多人来找陈美丽讨债。整个债款，前前后后加起来金额超过五万元，而其中将近四万元没有任何凭据。陈美丽全都认了下来，她就替丈夫一点一点还着这些良心债。

这个故事引起很大的轰动。我当时担任《感动中国》节目的评委，给陈美丽写评语，我写了一句话，“债务有凭，良知无价”。我不知道来找她的这些人中，到底有多少人是真正的债权人。陈美丽的还债告示就像一面镜子，它照亮了我们的内心，让我们看到自己的内心是高尚，还是卑微；是贪欲，还是无欲。

我看到这个故事很感动。一个像追着别人讨债一样去追着还债并生活在如此境遇中的农妇，是什么力量让她这么做？按说她丈夫为了救火而牺牲，就算他欠债，他的这条命也已经把他的债务还上了，但是她一定要去还债，因为她不愿意让自己良心不安。她这样做，就是为了一个字：“信”。这个“信”字不仅仅是对别人的，也是对自己内心的。

我想，社会在不断地更迭着制度，变化着环境，但是人性中一定有一些以不变应万变的核心价值传承下来，这才是我们心里真正的火种。我们看到，诚信不仅仅是传统经典中的一项基本道德原则，它也成为普遍的民间信仰。

大家也许都熟悉关羽归汉的故事吧。建安五年（公元200年），曹操攻破徐州，刘备、张飞败逃，关羽被俘。曹操对关羽惺惺相惜，一直希望这样一个忠勇之人可以来辅佐自己，但是他也看出关羽不会久留，所以他一方面诚意相待，另一方面派自己的大将张辽去探听关羽的口风。

关羽跟张辽说：“我知道曹公待我恩重如山，但是我已经跟刘备有兄弟之约，生死结盟，我对他的忠心绝不会改变。我一定不会留在这里，但是我会报答了曹公之后才走。”过了几个月，机会终于来了，关羽斩杀了袁绍军中大将颜良。这时候曹操知道，关羽已经报恩了，非走不可了。于是曹操对关羽厚加赏赐，而关羽呢，把所有的赏赐都封存起来，并不带走，留书告辞，去找刘备了。关羽走的时候，曹操的部将要去追，曹操把他们都拦住了，说：“各为其主罢了，不要追了。”

为什么舞台上的关公永远是红脸的忠勇形象？就是因为他笃诚守信。从正史到小说，都记载或流传着关羽心恋故主的忠勇故事。现在看三国戏，大家觉得很热闹，但在那些政治纷争之外流传最久远、最深入人心的还是道德价值。

比关羽归汉这个故事再早几年，东汉献帝兴平二年（公元 195 年），孙策起兵去攻打扬州刺史刘繇的根据地曲阿。刘繇这边刚好有一个老乡太史慈来投奔。太史慈骁勇善战，有人劝刘繇重用太史慈为大将军，刘繇不干，只是派他侦察敌情。太史慈只带着一个骑士，结果和孙策在神亭这个地方不期而遇，孙策却带了十三个骑兵，其中有韩当、宋谦、黄盖等厉害的角色。太史慈一点不畏惧，拍马就冲上去跟孙策交手。两人打得难解难分，孙策一枪刺中太史慈的战马，夺得太史慈背上的短戟，太史慈也夺得孙策的头盔。正当他们生死拼搏之时，双方的救援部队同时赶到，两人都被救回。

接下来，孙策大军步步深入，终于生擒太史慈。抓住太史慈之后，孙策亲自上前给太史慈松绑，握着他的手问：“还记得神亭的事吗？如果那时我被你抓住，会怎么样？”太史慈说：“那可不好说。”孙策很欣赏太史慈的耿直，朗声大笑，说："好，现在就让我们一起共事吧。"孙策迅速给太史慈任命了官职。

后来，刘繇在豫章郡去世，他的部将士卒还有一万多人，尚未归附，孙策就派太史慈前去招抚。孙策身边的人都说："太史慈这一去，一定不会再回来。"孙策却很放心，说："子义（太史慈的字）抛弃我，那么他还会去投靠谁呢？"孙策在昌门设宴为太史慈饯行，问他："你什么时候能回来？"太史慈回答："不会超过六十天吧。"

果然，两个月到了，太史慈如期归来，顺利完成孙策交代的任务。

太史慈的信，关羽的忠，已经深深嵌入我们这个民族的记忆之中，反映了人们对诚信的呼唤。

诚信是一块试金石，验证着人品的高下。
——于丹心语

我们看到，在中国人的观念中，诚信是品评人物最基本的出发点。诚信是一块试金石，验证着人品的高下。真正的诚信，是每一个普通人都可以做到的。一个人有诚信，则不仅能立于社会，也能安顿自我。

真正的诚信，是每一个普通人都可以做到的。
——于丹心语

孔子看到当时礼崩乐坏的世象，所以他有这样的感叹："圣人，吾不得而见之矣；得见君子者，斯可矣。""善人，吾不得而见之矣；得见有恒者，斯可矣。"（《论语·述而》）什么意思呢？就是说，这个世界上，要说我能见到多少圣人，那我见不着；我能见着君子就可以了。要说我能见到多少善人，我也没见到；我能见到恒定如常保持好品德的人，就很不错了。

怎么样才能做一个君子呢？孔子对"君子"有过这样一个界定，叫作："先行其言而后从之。"（《论语·为政》）

也就是说，你要做什么事，先把这个实事认真做了，让言论跟在后面出来，而不要先说后做，这就是君子了。所以孔子说："我只要能遇到这样的君子，能遇到恒定如常、享有信誉的人，就已经不错了。"

这种恒常之心，其实应当是一个人立于当世的基本依托。孔子说，怕就怕有些人生活在很多的假象里，他在迷惑世人的时候，其实也迷惑了自己的心。孔子说："亡而为有，虚而为盈，约而为泰，难乎有恒矣。"（《论语·述而》）意思是说，本来自个儿什么都没有，却要装作有；本来是空虚的，却偏偏要装出饱满富足的样子；本来很困顿，却装作很奢华，这样的人是难于保持始终如一的，也就不会有好品德了。

在自己的生命中保持恒常之心，需要坦率的勇气。也就是说，一个人接受自己的现实，真诚面对自己，这是信誉的起点。我们今天说，诚信诚信，诚是信的前提，一个人如果对自己的生命都不忠诚，没有了一份真切的诚意，那么他又怎么可能对他人守信呢？

在这里，孔子提出了一个比诚信还要简单的标准，就是能够有恒，保持平常心。如果一个人总是生活在自己的幻梦之中，总是幻想要去完成一个不切实际的理想，那么他会始终做不到脚踏实地，很难进步。

一个人能够让自己有一个恒常之心，不轻易改变，这是对于自己的诚意。做到了这一点，才能保障对别人的信义。如果这点都做不到，那么你就会常常陷于迷惑之中，就会缺乏一种真实的自我估价。

子曰："圣人，吾不得而见之矣；得见君子者，斯可矣。"

子曰："善人，吾不得而见之矣；得见有恒者，斯可矣。亡而为有，虚而为盈，约而为泰，难乎有恒矣。"

——《论语·述而》

一个人接受自己的现实，真诚面对自己，这是信誉的起点。

——于丹心语

有一篇寓言故事说得很有意思。有一只山羊，它早上起来想出去吃点东西。它本来想去菜园里吃点白菜，这时早晨初升的太阳把它的影子投射得很长，山羊一看：“天哪，我原来如此高大，我还吃什么白菜啊？我改去山上吃树叶得了。”

它转身往山上跑，等跑到山上的大树旁边，都到中午了，太阳照在头顶上，这时山羊的影子就特别小。山羊一看：“我原来这么渺小啊？我还是回去吃白菜吧。”

等它跑到菜园的时候，已经到傍晚了。这时候夕阳西下，它的影子又拉长了。山羊一看说：“好像我还真能吃树叶。”它就再往山上的大树那儿跑。

一天的时光，这只山羊就在太阳投影的迷惑下，一口东西没吃着。

这不就像我们的人生吗？有时候一种外在的投射，一种虚幻的假象，在某一个瞬间让你觉得比真实的自己要高大很多，又在某一个瞬间让你觉得比真实的自己要渺小不少。

一个人的心怎样才能够保持着恒常的判断呢？这需要我们既不要妄自尊大，也不要妄自菲薄，保持一颗平常心。

有一次，孔子的学生子张问孔子怎样提高道德修养水平和辨别是非迷惑的能力。孔子的答案是这样的：“主忠信，徙义，崇德也。爱之欲其生，恶之欲其死。既欲其生，又欲其死，是惑也。”（《论语·颜渊》）

老师说，你不是想提高道德吗？我就告诉你两条原则，第一“主忠信”，要以忠诚、信用作为你内心的依据，

陈传席　《山中人家》(局部)

能够立足这一点，就不错了。第二“徙义”，就是你可以有改变，但是必须合乎道义。内心主于忠信，合乎道义去改变，做到这些，那不就提升品德了吗？一个人品德提升之后，才能够辨惑，不至于像山羊那样因外界的变化而无所适从。

孔子又说：“爱之欲其生，恶之欲其死。既欲其生，又欲其死，是惑也。”这个情况我们现在都有吧？喜欢一个人的时候，就觉得他好得不得了，希望他长长久久，千年万世，一直这样活着才好呢。这就叫“爱之欲其生”。突然之间，又恨上这个人了，就恨不得他马上消失，希望他短命。这就叫“恶之欲其死”。孔子说，你既要他活，又要他死，这难道不是迷惑吗？

孔子的意思就是说，人们按照“忠信”“仁义”的原则去办事，就会活得很明白，而如果感情用事的话，就会陷于无穷的迷惑之中。

一个人如果不能保持恒常之心，失去自己内心的判断标准，就会出现很多迷惑。我们现在总说世象纷纭，希望哪个神灵借我一双慧眼，让我好看清复杂的世象。真正的慧眼何在呢？它不仅关乎智慧，还关乎一个人的自我判断和内心恒常的力量。要想对世界守信，对他人守信，先要看看能否对自己的生命忠诚守信。这是我们辨惑的前提。所以孔子把崇德、辨惑连在一起分析，在他看来，提高道德是分辨迷惑的一种方式。

我们看到，孔子对于忠信的论述很多。他说："君子不重，则不威，学则不固。主忠信，无友不如己者。过则勿惮改。"（《论语·学而》）我们看，孔子提到忠信，不是孤立地提一个标准，而是把很多标准放在一起，包括了仪态的庄重威严、热爱学习、忠诚守信、慎重交友、过而能改等方方面面。

孔子说，一个真君子，如果他的内心不厚重、不庄重，那么他就没有威严。我们经常听到有人说，这个人怎么显得那么没有分量，那么轻薄，见风就倒，听到点什么风声就容易改变判断，其实那是因为他内心本身就不厚重啊。

但是，内心的厚重是怎么来的呢？这不是先天得来的，而是要靠不断学习。一个人如果不断地提升修养，不断地去学习思考，他就不会浅陋，就不会固守在他的局限上。

怎样做到君子，还有两条很重要的原则。"主忠信"，就是他内心要有一种立命之本，以忠、信这两种道德为主。

“无友不如己者”，这句话有两种解释。一种解释是说，不结交不如自己的朋友。也就是说，如果你结交的人在道德上、在能力上都比你强，你就会有压力，你要见贤思齐，这样你就会得到提升。另外一种解释，就是不跟不同道的人交往。道不同不相为谋，只跟同道中人来往，以便保持人生方向的单纯性。不论哪一种解释，都是说交友要慎重。

一个人如果按照以上原则为人处世，会不会就不犯错了？不是的，没有谁会永远不犯错。不过，犯错也没关系，一旦错了，不要固执己见，要赶快改正过来，就还是君子。

以上这些就是孔子对于君子道德的描述。这里提出的“主忠信”，它不是孤立的，一定是跟其他的原则相辅相成的。

经常有些朋友问我，《论语》里面我记住哪一句话就够了？或者是问，对我现在的生活哪一句话能有直接的引导作用？我觉得，经典的东西需要融会贯通，它不会只靠某一句话或者一个理念，就让一个人安身立命。虽然孔子也说“恕”这一个字可以终身行之，但是我们想想，在这种宽恕的背后，需要多少信念来支撑？需要多少融会贯通才能达到？孔子提出来的东西都是微言大义，说出来看似简单，但是都有广博的文化积淀，都有一些内在的理念在支撑。

关于信，还有很多表现在孔子学生的言论里。“有子曰：‘信近于义，言可复也。恭近于礼，远耻辱也。因不失其亲，亦可宗也。’”（《论语·学而》）有子是孔子的弟子，他说了三句话，什么意思呢?

我们每天都生活在语言环境里，人际交往都离不开说话，我们都在承诺，但是你说出来的话就一定能够兑现吗?你答应别人的事，就一定能做得到吗?你说的话能不能兑现，那要看你的诺言离道义有多远。如果你的诺言符合道义，兑现的可能性就会高一点，这就是“信近于义，言可复也”。

“恭近于礼，远耻辱也”，一个人如果能够恭谨有礼，对别人毕恭毕敬但又符合礼义，那么他就远离耻辱了。“因不失其亲，亦可宗也”，意思是说，如果他有明辨是非的能力，所依靠的都是可亲可信之人，那么为人行事也就很可靠了。

我们看，这里又是一组关系。在这里，“信”也没有被单独拿出来作为一个核心，而是说讲信用一定要符合道义。社会中不断出现种种挑战，一个人光有单一的内心道德是不够的，一定要有一个完善的道德体系。

我们知道，关于历史，有一个词语叫作“信史”，就是其记载真实可靠的历史。这个词内涵很重，因为历史上有很多史官，要用他们的生命来维护历史的真实，让历史的真相得以流传下来。这是中国历史上可贵的传统。

曾经有这么一个故事，北魏的司徒崔浩和中书侍郎高允两个人奉命撰写北魏的国史:《国书》。《国书》写好以后，就被镌刻在首都平城南郊十字路口的石碑上。崔浩和高允两人依据实录作史的精神，对北魏早期的历史多秉笔直书，有些史实在后人看来是很不堪的。很多鲜卑贵族看了国史之后，非常不满，就跟北魏太武帝拓跋焘进谗言，说史官真不好，为什么把这些事都写出来了？

拓跋焘盛怒之下就下令逮捕了司徒崔浩，接下来就要逮捕中书侍郎高允。偏偏太武帝的儿子，就是当时的太子拓跋晃，曾经跟高允念过书，他知道这件事情以后，想保护自己的老师，就把高允请到东宫住了一夜。第二天早上，拓跋晃和高允一起进宫朝见。

二人来到宫门前，太子对高允说："我们进去见皇上，我自会引导你怎么做。一旦皇上问什么话，你只管按照我的话去说。"高允问："殿下，这是为什么啊？"太子只是说："我们进去就知道了。"

先是太子进去跟他父亲说："高允做事一向小心谨慎，而且地位卑贱，《国书》中的一切都是崔浩写的，与高允无关，我请求您赦免高允的死罪。"拓跋焘就召见高允，问："《国书》果真都是崔浩一个人写的吗？"这个时候，高允明白发生了什么事，但他是这样回答的："《太祖纪》由前著作郎邓渊撰写，《先帝纪》和《今纪》是我和崔浩两人共同撰写的。不过，崔浩兼职很多，他只不过领衔总裁而已，至于具体的著述工作，我写得要比崔浩多得多。"

拓跋焘一听，大怒，说："敢情你写得比崔浩还多，你的罪行比崔浩还大，怎么可能让你活！"太子慌了，非常害怕，赶紧对他的父亲说："您的盛怒把高允吓坏了，他只是一介小臣，现在说话都语无伦次了。我以前问过他这件事，都说是崔浩一人写的，真的与他无关。"

拓跋焘又问高允："真的像太子说的那样吗？"高允不

慌不忙，回答说:“我的罪过确实非常大，应该灭族，但我不敢说虚妄的话来骗您。太子因为我长期给他讲书而哀怜我，想要救我一条命。其实，他没有问过我，我也没有对他说过这些话。我不敢瞎说。”

拓跋焘回过头去对太子说:“这就是正直啊！这在人情上很难做到，而高允却能做得到！马上就要死了，却不改变他说的话，这就是诚实啊。作为臣子，不欺骗皇帝，这就是忠贞啊。应该赦免他的罪过，要褒扬他。”于是，皇帝赦免了高允。

高允临死不说假话，这在北魏历史上是一个很著名的故事。

高允的勇气从何而来？它来自一种内心的忠诚。诚信，有时候是需要大勇敢的，它需要自己内心对于一种价值的坚持，这种价值延伸出来，就已经不仅仅是自己的事情，而是关系到更多人的利益。

2007年《感动中国》的人物里面还有这样一个人，“良心医生”陈晓兰。她是上海市虹口区广中医院理疗科的大夫。她从医十年间看到医院进的医疗器材有相当多的是假冒伪劣产品，有害于患者。陈晓兰坚持揭发此事，十年中，经她揭发的假冒伪劣医疗器械多达二十多种，其中有八种已经由国家下文予以废止。

但是，这十年中，这名医生付出了什么代价呢？因为触犯了医院的利益，医院强行把她调离原来的岗位，后来又强迫她提前退休。丢了工作之后，她深入医疗器械交易的直接环节，更坚定地去揭露更多的黑幕，所以她被很多同行指责为“叛徒”。

对我们来说，陈晓兰的勇敢其实比北魏史官高允的勇敢还要有价值。这不仅仅关系到她个人的诚信，更关系到一个社会的核心价值。也就是说，她的良知成为整个社会风尚的净化剂。就是这样一个弱女子，成了广大患者的一道保护屏障。

陈美丽和陈晓兰，不过是两个普普通通的弱女子，但是你能说她们内心的力量就单薄吗？这种力量坚强而庞大，我相信它会有非常大的反响。这样的力量推展起来，从一个人到整个社会，对一个国家影响巨大。这就是诚信的力量。

对于一个国家而言，需不需要诚信？对此，《论语》中有过很多阐述。孔子曾经说：“道千乘之国，敬事而信，节用而爱人，使民以时。”（《论语·学而》）他说，治理有千乘马车这样的一个中等偏大的国家，该怎么做呢？无非就是几件事，首先就是“敬事而信”。治理者一定要严肃认真地对待政务，信实无欺，这是一个出发点。其次是“节用而爱人”。也就是说，要能够节约财政开支，关爱百姓。让百姓做事时，要怎么做呢？“使民以时”，按照四时节序，应该怎么用就怎么用，调剂好忙闲，而不要违背这个天时，不要在农忙的时候让老百姓服很多的劳役。

孔子提出的治国之道，其基本出发点就是诚信，主持国家政务的人要讲信誉。讲信誉，不仅仅对国家好，对于发布政令的人本身也有好处。

《论语》中还有这样的话：“子夏曰：‘君子信而后劳其

民，未信则以为厉己也。信而后谏；未信则以为谤己也。'"(《论语·子张》) 孔子的学生子夏说，一个君子要在建立起信誉、赢得老百姓的信任之后，才可以让百姓去干活，不管是让他们服兵役、服徭役，还是去干什么，这时老百姓都会心甘情愿。如果老百姓没有对这个执政者产生信任，就会觉得执政者是在虐待自己。如果一个忠臣去进谏，也要先赢得君主的信任，先在君主面前树立起信誉才行。如果没有做到这一点，君主就会觉得你在诽谤他。那样的话，后果就不太妙了。

子夏的这段话，让我想起一个人，就是唐太宗李世民。李世民有一个著名的臣子，就是魏徵。李世民登基不久，有一次征兵，苦于兵力不足，当时封德彝给他提了一个建议，不足十八岁的中男，如果体格魁梧，也可以一并征上来。李世民一想，国家正缺士兵，就答应了。

唐代的制度，男孩十六岁以上叫中男，二十一岁以上叫丁，丁才负担力役。让未满十八岁的男孩当兵，肯定不合制度。结果呢，征兵敕文签署下去，到了魏徵这儿，魏徵坚持不签，给退回来了。李世民接着下敕文，魏徵再退回来，一连退了好几次。按照程序，魏徵不签署，这个敕文就发不下去，无效。

李世民大怒，急召魏徵。李世民说："中男里身强力壮的人，可能是奸民谎报年龄以逃避兵役，就是征发他们又能怎么样？你为什么要这么固执己见呢？"魏徵回答："带兵之道在于指挥有方，而不在于倚仗数量多。陛下征发壮年成丁，好好训练，足以无敌于天下，何必多取弱小以增加虚数呢？况且，陛下曾经说要以诚信治理天下，而今您即位不久，但已经失信多次了！”

李世民一听，非常惊讶，问：“我哪里有失信的事情？”魏徵倒也不慌，侃侃而谈，一下列举了当时好几件失信于民的事情，比如说今天出台一个政策说蠲免赋税了，明天又下一道敕文征收如故。

魏徵又说：“陛下曾经下敕文说：‘已经出力役者、已经缴纳赋税者，今年就不征了，从明年开始。’但是后来还是加征赋税了，而今您又征兵，哪里就是明年再征呢？何况，与您共治天下的地方官时常检阅赋税人丁簿册，征税、征兵都以此为准。征税时没问题，可这次征兵您却怀疑他们欺诈，难道这就是陛下所说的以诚信治天下吗？”

李世民听了魏徵的一席话，恍然大悟，非常高兴地说：“以前我以为你固执，不懂得政务，今天听你议论国家大事，真是非常精要。如果国家的号令不讲信用，百姓就会无所适从，天下怎么可能安定！我的错误真大啊。”

结果，李世民不仅采纳了魏徵的建议，不再征发中男当兵，同时还赐给魏徵一个金瓮。

这样的故事在历史上还有很多。可以说，从一人一事，到一个国家的治理，信誉为先，这是中国流传已久的一种道德理念。

谈到信誉，我们还得知道大信和小信的区别。

难道诚信还有什么内在的区别吗？我们怎样来区分呢？

孔子曾经说过这样的话：“君子贞而不谅。”（《论语·卫灵公》）什么是“贞”？“贞”就是内有所守的大信誉，符合道义。而“谅”呢？“谅”就是内无所守，求信于人，拘于小节，难合大道。也就是说，君子要坚持正义而守大信，观大势，顾大局，但不一定要局限于小节上。

孔子为什么要分大信、小信呢？这跟他的另一个思想有关。在《论语》中，孔子有很多地方是主张变通的，主张君子要善于通权达变。做一件具体事情之前，允许你在技巧上、在策略上有变通，更好地做好这件事，而不是提倡大家都去做腐儒，固执己见。所以，当子贡有一次问孔子怎么样才称得上“士”的时候，孔子回答说：第一等的“士”是有羞耻之心、不辱君命的人；第二等是孝敬父母、顺从兄长的人；第三等才是“言必信，行必果”的人；至于现在的当政者，都是一些器量狭小的人，根本算不得“士”。我们今天说“言必信，行必果”，含有肯定的褒义，但在孔子那里，这还只是小信。

子贡问曰：“何如斯可谓之士矣？”子曰：“行己有耻，使于四方，不辱君命，可谓士矣。”

曰：“敢问其次。”曰：“宗族称孝焉，乡党称弟焉。”

曰：“敢问其次。”曰：“言必信，行必果，硁硁然小人哉！——抑亦可以为次矣。”

曰：“今之从政者何如？”子曰：“噫！斗筲之人，何足算也？”

——《论语 · 子路》

孔子说：“言必信，行必果，硁硁然小人哉！”（《论语·子路》）意思是说，说到一定做到，做事一定要坚持到底，但实际上却不问是非，固执己见，那是小人啊。孔子心目中的“士”，就是懂得羞耻之心、孝敬之道的人，懂得大信的人。

不管从我们个人的人生道路来说，还是从整个社会文明的进展来说，只有守住诚信，才有未来。我想，对于诚信，每一个时代可能有每一个时代的解读。

让我们保有内心的诚意，从当下的生活出发，接受现实，朴素面对，并且以一种积极乐观的态度守住信誉，通往未来的道路一定会向我们敞开。这样一种观念，大概在任何一个时代都有它的积极价值吧。

今天，我们应该怎么做呢？我想，应该从《论语》出发，结合今天的现实，以《论语》中的诚信来引导今天的生活，走好我们人生的路。

孔子说过一句话："德不孤，必有邻。"(《论语·里仁》)当我们建立了自己良好的道德体系，当我们的整个道德水准提升之后，不仅是为这个社会做出贡献，而且会有很多人都在帮助我们，会有志同道合的人跟我们在一起。

有道德的人一定不会孤单。从我们每一个人内心的真诚出发，建立和守住信誉，就一定会建设起一个诚信的社会。

有道德的人一定不会孤单。
——于丹心语

治世之道

用之则行 舍之则藏

说到孔子的思想，不能不提到他的治世理念。后世流传一句话，叫“半部《论语》治天下”，那《论语》里面到底有什么样的治世思想?

在相隔两千多年之后，《论语》中的这些治世思想到底还有没有价值呢?

说到孔子的思想，不能不提到他的治世理念。后世流传一句话，叫“半部《论语》治天下”，那《论语》里面到底有什么样的治世思想？在相隔两千多年之后，这些思想到底还有没有价值？

儒家的政治理想，一言以蔽之，就是“德政”。在春秋时期，也就是孔子生活的那个时代里，社会环境很特殊，没有现代的法律制度，而是用礼乐制度来维系整个社会秩序。与此相适应，孔子所提出的还是一种非常美好的、以道德伦理维系社会秩序的理想。

我们今天评价孔子的一生，会觉得他这一辈子做了两件事：一件成功了，就是他的教育事业，他因材施教，弟子三千，后来被奉为“万世师表”；另一件失败了，就是他的治世理想，当时他奔走在各个诸侯国之间，向各个国君游说，但是都没有实现他的理想。

今天，我们重提孔子的治世思想，到底有多大的现实价值?

子曰:“道之以政，齐之以刑，民免而无耻;道之以德，齐之以礼，有耻且格。”
——《论语·为政》

让我们先来看看孔子怎么理解自己的德政理想。孔子对于如何为政，有这样一个说法，他说:“道之以政，齐之以刑，民免而无耻;道之以德，齐之以礼，有耻且格。”(《论语·为政》)

这话什么意思呢?治理国家，如果仅仅用政令来诱导，以刑法来约束，那就只能达到一个底线，就是老百姓暂时规规矩矩地生活，免去很多刑罚。但是这样会留下后遗症，不足以树立他们的廉耻之心。也就是说，一个人的荣辱观，光靠政令和刑罚是确立不起来的。

一个人的荣辱观，光靠政令和刑罚是确立不起来的。
——于丹心语

第二句话是孔子的一个理想，就是德政。他说，如果用道德来诱导，用礼制来统一人们的言行，那么老百姓就不仅有羞耻之心，而且能一直遵守正道，人心归服。也就是说，百姓实实在在地服从治理，不是暂时屈从。这是孔子的理想。

今天的社会是法治的社会。法律是这个社会的底线，它赋予了公民权利，保障了公民的安全。那么道德是什么呢?道德是在底线之上有助于公民自律的东西，它可以使社会核心价值得到提升。

在孔子那个礼崩乐坏的时代，单纯提倡以德治国，一定会失败。但是到了今天，这种以德治国的思想与法治制度相辅相成，施行德治应该比孔子的时代更有积极的意义。

我想，由于整个时代发生变化，虽然圣贤经典中的有些道理会过时，但有些道理会因为文明的发达、社会的进步和多元化，反而可能比在孔子那个时候更有朴实的意义。所以，以德治国，虽然在孔子的时代是一个很失败的理想，但在今天法治的基础上，应该更有它的价值。

当时，鲁国最有权势的人季康子曾经多次跟孔子咨询为政之道。“季康子问政于孔子曰：‘如杀无道，以就有道，何如？’孔子对曰：‘子为政，焉用杀？子欲善而民善矣。君子之德风，小人之德草。草上之风必偃。’”（《论语·颜渊》）

季康子说：“我诛杀了那些无道的人，亲近有道的人，怎么样？惩恶扬善，我做得不错吧？”孔子不以为然，他反问季康子：“你治理这个国家，为什么一定要用杀戮的办法呢？如果你心向善，你倡导美好善良的风气，那么老百姓自然会人心向善的。”

杀戮是一种极端的方式，我们不排除治国的时候会用到这个方式，但是孔子告诉我们，一味倚仗杀戮，肯定不能建立起良好的社会秩序。

这是一个值得我们深思的问题。

那么，除了刑罚外，还要靠什么来治理国家呢？

接着，孔子打了一个有意思的比喻。他说，君子的道德好像是风，小人的道德好像是草，草遇到风，必定会倒下来。也就是说，有官职的人，能够领导社会的人，如季康子这样的执政者，你的道德就好像是风，而小人呢，他的道德好像是草，风从草上过，草肯定跟着风倒，执政者的道德会对整个社会的道德产生影响。

陈传席 《众山响应》(局部)

孔子的意思是说，执政者只要善理政事，具有良好的道德，百姓也就会跟着有道德，就不会去做坏人。如果执政者能够做到这一点，那又何必去杀人呢？这些话今天听起来有一点乌托邦的味道。它是美好的，但它是不现实的。

我们想想，单纯以道德引领百姓，没有法治制度的保障，那么想要得到良好的秩序是不可能的，想要做到不杀人也是不可能的。不过，孔子提出百姓的道德有赖于领导人的道德，这个观点对我们今天来说还是很有启发意义的。

德政反映了孔子的一个核心理念。那么，这样一个理念怎样去实施呢？如何去做，其实孔子也有一系列的想法。

季康子，还是这个人，问政于孔子。孔子做了一个最简单的回答："政者，正也。子帅以正，孰敢不正？"(《论语·颜渊》)孔子说，"政"就是"正"的意思，你自己带头，做人、做事端端正正，你下面的人怎么敢不正呢？我们想，这样的话，治理国家不就很简单吗？

孔子对于为政之道还有一些比较清晰的表达，如他说："其身正，不令而行；其身不正，虽令不从。"（《论语·子路》）意思是说，一个执政者，如果他自己行为端正，品德崇高，那么他就是不下命令，大家也都会去做事，完成任务；但是，如果一个执政者自己很邪恶，做不到清廉方正，他就是颁布了一条又一条法令，也没有人来跟从他。

孔子又说："苟正其身矣，于从政乎何有？不能正其身，如正人何？"（《论语·子路》）也就是说，执政者如果端正了自身的行为，治理国家还有什么困难呢？如果不能端正自身的行为，又怎么能使别人端正呢？

所以说，执政者要清廉为官，以身作则，这是孔子一以贯之的思想，也是德政的起点。

值得注意的是，孔子教过很多弟子，其中有些弟子做过县宰之类的小官。

有一个故事记载说，子路做蒲县的县宰，过了三年，孔子正好路过，就去看他。孔子进了蒲县县境，四下一看，说："子路这个人不错啊，一看就知道他谦恭有礼，诚实无欺。"

又走了一段路，进了县城，四下一看说："子路做得不错啊，一看就知道他诚实有信，而且能够宽恕待人。"接着走，走进子路的县衙，四下一看就说："看来子路明察秋毫，做事果断。"

清廉为官，以身作则，这是德政的起点。

——于丹心语

孔子这样大赞子路三通之后，陪他一起来的子贡就越来越奇怪。子贡问:“老师啊，你到现在还没见着子路，一路上已经夸他三遍了，到底为什么啊?”

孔子说:“你看，我们一进入县境，就发现两边田地都耕种得整整齐齐，沟渠挖得很深，道路非常通畅，这说明子路谦恭有礼，能够调动百姓，所以大家才会尽心竭力。我们再往里走，进了县城，你看房屋都整整齐齐，没有破败，街道很干净，树木都很茂密，这说明子路为人笃诚有信，以身作则，所以民风淳朴。接着呢，我们进入县衙，你看这里面居然很清闲，也没有什么人来告状，这说明子路一定观察仔细，做事果断，把所有的诉讼都处理完了，所以不会成天有人在这儿闹事打官司。所以，我夸他三遍，不为过吧?”

这个故事不见于《论语》，而是记载在别的资料里，但是它从一个侧面反映了孔子的为政思想。“桃李不言，下自成蹊。”政绩不一定要表现在口头上说我做了哪些事，真正的措施一定要落实在具体效果上，所以你去看效果就行了，当然就知道他是怎么做的。在孔子这里，一切用事实说话，一个好的治世之道要反映在国泰民安上，反映在老百姓的利益上。

孔子的学生到底做出了多少政绩，已经不可考了。但是，在我们的史书里，记载了很多官员的事迹，而在他们的治世之道中，德政思想一脉相承，从未断绝。

大家都知道晏婴吧?他在齐国做大夫的时候，正直廉洁，一直是劣马拉着破车上朝，根本不用什么宝马香车。

齐景公看在眼里，就很奇怪，问他："是不是我给你的俸禄太低啊，你为什么就这样破车劣马上朝呢？"

晏婴说："仰仗君上您的恩赐，我的家室都能安顿，我的朋友都有依靠，生活一切都不错，有这样的破车劣马每天拉着我来上朝，我已经很知足啦！"

齐景公想，这晏婴说的是不是谦辞啊？齐景公专门找了华丽的车马，派一个叫梁丘据的人给晏婴送去。梁丘据把车马送到晏婴府上，晏婴就退回来，再送去，再退回来，往返了好几次。

这时候，齐景公脸上有点挂不住了，就把晏婴找来问："你这是什么意思啊？如果你一定坚持不坐华丽的车马，那不是逼着寡人也不再坐这样的车马了？"

晏婴很诚恳地回答："我们现在世道太平，老百姓衣食富足，但是富足之后，最怕的是他们失去了廉耻之心。光有外在的奢华，是不能够让一个清明世道长久下去的。那些华丽的车马，您可以坐，其他高官也可以坐，只不过我是不想坐，因为国家委我重任，让我下临百官，那么我就要以身作则，不然我怎么能够要求别人清廉呢？我有破车劣马来代步就已经足够了，千万不能因为我的奢华而让百官、百姓失去了廉耻之心。"

齐景公一听，大为感叹。

在中国历史上，晏婴的口碑很好，他的故事流传很广。其实，晏婴就是以他的行为印证了孔子所说的一个朴素的道理——一个执政者自身很正，那么他的政令才会畅达无阻。

我们知道，中国的文人是“学而优则仕”，学习了知识之后，不是拿来炫耀的，而是要为国家、百姓做点事情。中国古代有太多的文人，都只不过是失意的政治家；而太多的政治家，都只不过是得意的文人。中国历史上，文人与政治的关系从来就没有撇清过。

有些历史人物，大家可能觉得他们就是文人，但是其实他们都有过做地方官的经历，曾经治理过一方百姓。比如说，白居易，曾在杭州做官，他修堤，兴水利，让当地整个的经济发展起来，人民非常富足。后来调走的时候，白居易带走了什么呢？他仅仅从天竺山带了薄薄的两片石头，还写了一首诗，诗云：“三年为刺史，饮冰复食蘖。唯向天竺山，取得两片石。此抵有千金，无乃伤清白。”

这首诗的意思是说，我在这个地方做了多年的刺史，操心政务，现在要走了，留一点记忆吧，那么就从天竺山上取得两块石头带走吧，这可抵得上千金，千万不要损害我多年为官的清白名声啊。

后来，他又做苏州刺史，临走的时候还是这个习惯，在洞庭湖边又找了两块石头。这两块石头很大，是抬着进府的。白居易将它们洗干净，一块石头做了他的琴架，另一块石头呢，估计是凹陷的，所以用来储酒。你看，琴棋书画，诗酒流连，这是一种文人的做派。

白居易拿得这两块石头，很高兴，写诗说：“万古遗水滨，一朝入吾手……回头问双石，能伴老夫否。石虽不能言，许我为三友。”他说：“这两块石头啊，多年以来一直被扔在洞庭湖边，而现在到了我的手里。它们虽然不能说话，但陪伴着我，我们三个就像是朋友呢。”白居易就是这样留一方大自然的信物，让自己的心情酝酿其中。

这就是中国知识分子为官时的品格。他希望得到的是什么呢？是清风明月，是一颗恒常之心，是为一方百姓做完实事之后的坦然，而不是要什么珠宝、财富。可以说，儒家思想中的德政理念对中国知识分子的影响非常大。

在《论语》里面，问政的言论还有很多。有一次，学生子张问老师，怎么样去治理这个世道？老师的回答只有八个字：“居之无倦，行之以忠。”（《论语·颜渊》）“居之无倦”，一个人在做官的时候，心中不要有任何倦怠之意，要让自己时时是勤勉的，努力的，工作着的；“行之以忠”，你去推行政令的时候，要尽心竭力。你能做到这些，就够了，为政就不难了。

有一次，子路也问为政之道，孔子的回答更简单：“先之劳之。”（《论语·子路》）子路问：“老师啊，怎样来治理国家呢？”老师说：“你要想治理好一方人民，不难啊。老百姓肯定要做点事，对吧？不外乎是修道路、修房屋这些基本建设，大家都挺劳苦吧？那不要紧，你身先士卒，冲在他们前面。这样的话，你就可以让百姓勤劳工作了。”

子路问政。子曰：“先之劳之。”请益。曰：“无倦。”
——《论语·子路》

对于这个回答，子路觉得太简单了。他又问：“老师你能不能给我多说点啊？”老师回答时只说了两个字：“无倦。”就是坚持这么做，永远不要懈怠。不要因为取得一点政绩就居功自傲，就倦怠下来，而是要保持旺盛的精神，一直前行。

从子路在蒲县的政绩来看，孔子的这个教导对子路的影响是很大的。

为政要勤勉清廉，要以身作则，这是实践孔子德政理想的具体表现。这样一种表现，在有担当的中国文人的身上屡见不鲜。

前面说了白居易，再说一个文人苏东坡。苏东坡从密州调到徐州做太守的时候，正好赶上洪水泛滥。当时徐州城外的曹村地方决堤，洪水直逼徐州城，形势非常危急，城里富人纷纷出逃。苏东坡亲自坐镇城门，劝说众人："有我在，洪水绝不至于冲垮城池，请大家都回去吧。"大家不再出城，城里百姓的情绪才安定下来。

接着，他又赶紧来到驻在徐州的禁军的军营，对士兵们说，现在请大家一起来为百姓做点事，赶快筑堤保护这座城池。在宋代，禁军直接归皇帝指挥，一般官员是无权调动的，但士兵们看到苏东坡这位父母官不辞辛苦，冲在抗洪第一线，很感动，就全部出动，很快筑起一道大堤，保住了徐州城。

我们现在说起苏东坡，都觉得他是一个卓越的艺术家，是一个大文豪，但其实呢，他跟其他很多著名文人一样，都在儒家德政理想的浸润下，做出过很大政绩。

我们还要说到另一个人，就是东晋的陶侃。陶侃很不容易，他出身寒门，在那个讲究门阀的时代能够一直为官，而且官位不低，完全是靠他自己的道德感召力和卓著的业绩。

陶侃做广州刺史的时候，由于广州还是偏远之地，所以政务清闲。不过，人们看到一件很奇怪的事，就是陶侃每天早晚把上百块砖头一个人搬进、搬出屋子。大家很不理解，问他："这是折腾什么呢？"陶侃说："我正努力要收复中原，现在如果过于安乐悠闲，恐怕到时无法做事，力不胜任。"

陶侃为官一方，不敢有丝毫懈怠，真正体现了儒家为政要勤勉的思想。也正因为他自己为政勤勉，才能严格要求下属，下属也服气。他看到有人喝酒误事，就把酒器全都扔进水中；看到有人赌博误事，就把赌具也全都扔进水中。我们想想，如果是一个只许州官放火、不许百姓点灯的上司，他去严肃纪律，大家会心悦诚服吗？正是由于陶侃自己勤勉，所以在他治理的地方，百姓都勤于农事，家给人足。

陶侃为什么能让人肃然起敬？这是因为他居安思危，自己没有丝毫懈怠之心，做到了孔子所说的"居之无倦，行之以忠"，所以为政顺乎人心。

对于怎样实施德政，《论语》中还有很多具体的方法。比如，有一次，孔子的学生子张跟孔子有一段很长的对话，就谈到有关为政的许多具体内容：

子张问于孔子曰："何如斯可以从政矣？"子曰："尊五美，屏四恶，斯可以从政矣。"

子张曰："何谓五美？"子曰："君子惠而不费，劳而不怨，欲而不贪，泰而不骄，威而不猛。"

子张曰："何谓惠而不费？"子曰："因民之所利而利之，斯不亦惠而不费乎？择可劳而劳之，又谁怨？欲仁而得仁，又焉贪？君子无众寡，无小大，无敢慢，斯不亦泰而不骄乎？君子正其衣冠，尊其瞻视，俨然人望而畏之，斯不亦威而不猛乎？”

子张曰：“何谓四恶？”子曰：“不教而杀谓之虐；不戒视成谓之暴；慢令致期谓之贼；犹之与人也，出纳之吝谓之有司。”（《论语·尧曰》）

子张去问老师：“怎样才可以治理政事呢？”孔子告诉他：“只要你尊重五种美德，排除四种恶政，这样就可以治理政事了。”

提倡尊崇好的东西，摒弃坏的东西，政治风气就会好了。子张当然想知道这好的和坏的东西到底是什么。

子张问：“什么叫‘五美’啊？”孔子给他说了这样五件事，“君子惠而不费，劳而不怨，欲而不贪，泰而不骄，威而不猛”。

什么意思呢？子张听了还是不明白。比如说第一点吧，给人民好处，但又要自己无所耗费，这怎么做得到呢？

孔子详细解释了“五美”。第一点是“惠而不费”，就是一个执政者，要给百姓恩惠，但是又不要过多破费。执掌权柄的人掌握的是国家财政经费，但是他不能老在那做慈善，不能没完没了地给百姓派大红包。如果这样做，浪费了财政经费不说，而且助长了百姓的懒惰之心。

那怎么才能做到“惠而不费”呢？孔子说，只要你在他们能够得到利益的时机和地方去加以引导，让老百姓做对他们自己有利的事情，这不就不用掏国家的腰包了吗？

也就是说，与其给他们钱，不如尽量给他们政策，扶持他们，调动他们的积极性，使大家能够全盘搞活，让他们自己主动去创造财富，得到他们应得的利益，这样你不就不用破费了吗？

第二点是“劳而不怨”。我们今天是一个职业化的时代，大家都有工作在干，就是在一个福利社会中，也不能说让所有的老百姓都歇着不干活吧？一个国家，人民总要劳作，但是如何能够做到“劳而不怨”？就是大家干了活，却欢欢喜喜而没有抱怨？这容易吗？不容易呢。怎么样才能做到呢？

孔子的解释是，你要选准了可劳作的事情或者时机，比如说春耕、秋收，这些事情是大家必须做的，不然没得吃了，所以他们不会有抱怨。再比如说，大家衣食丰足，没有后顾之忧了，这个时候你再让他们去修堤坝，或者去筑路，他们也是可以接受的。但是，如果在他们温饱都没有解决的时候，你逼着他们去服劳役，或者去打仗，那老百姓肯定会有抱怨。这就是说，要做的事情、做事的时间你要挑对了，才能调动老百姓的积极性，让他们劳得其所，愿意这样去付出，就会乐在其中，你说谁还会抱怨呢？

第三点是“欲而不贪”。我们过去有一个误解，认为儒家是教人清心寡欲，没有任何欲望。有人常说，一个人要对这个世界没有任何欲望，他才是一个真君子。其实孔子说的是，人可以有欲望，但不可以贪婪。这是一个客观的陈述，符合人性。一个人如果没有欲望，在生活中可能就会缺乏一些基本的动力，但是这个欲望不能过分，不能欲

人可以有欲望，但不可以贪婪。
——于丹心语

壑难填，否则就会因贪婪而造成祸害。

那么，一个人有欲而不贪，如何做到呢？孔子说，人是有欲望的，但是要看你的欲望引领你向何方去，如果是指引到仁爱大道上去，你自己要好，也让别人好，那么还贪求什么呢？孔子还说过：“己欲立而立人，己欲达而达人。”（《论语·雍也》）自己过得好，同时也要帮别人过得好。

这种概念像什么呢？比如说，大家坐飞机，在起飞之前会听到广播，说我们的头顶上都有氧气面罩，遇到紧急情况会自动脱落，这时空姐会提醒大家，请自己先戴好面罩，再帮助旁边的人。其实，这是一个简单的人际法则。每一个人在遇到危险的时候，先把自己照顾好，这也是尽一份责任，照顾好自己之后就要马上去帮助别人。

儒家早期思想不是专门提倡毫不利己，专门利人，而是说在你自己发展的同时也要去帮助别人。人是有欲望的，但是这个欲望往仁爱之处发展，求仁得仁，又怎么会有贪欲呢？你去引导他的欲望，而不是压制他的欲望，这就够了。这叫“欲而不贪”。

第四点是“泰而不骄”。怎么做到呢？孔子说，在一个真君子的心里，他看别人，不在乎对方人数是多是少，势力是小是大，而是对什么人都尽心竭力，不敢怠慢。比如说，我们做老师的要去讲课，在大学的课堂上，有时候大班上课可能有三四百人，而小班上课可能只有十几二十个人，你不能因为大班人数多，关注度高，这节课你就好好讲，小班人数少，讲起来就不带劲吧？如果你这样做，那么就说明你有傲慢之心。

其实，真正的职业态度应该没有分别之心，不论多寡，不论小大，你都应该专注地去做。难道一个人四五十岁，精通事理，来问你事情，你就重视，而一个十来岁的孩子问你事情，你就可以敷衍吗？如果一个人做到“无众寡，无小大，无敢慢”，那么这就是“泰而不骄”。你的内心从容舒泰，你的外表就不会有一种凌厉骄矜之气。

其实，从另一个角度来讲，那种常常流露出看不起人的神色、有骄矜之气的人，他的内心是最不自信的。他瞧不起他觉得一般的人，但实际上呢，他见到某些他认为比他高一等的人，就会表现出卑微、谄媚的一面。过分的卑微和过分的骄矜会交错出现在同一个人身上，就是因为他内心不自信。一个真正自信的人，他对任何人都会保持着一种舒泰和谦恭的态度，因为他知道恭敬他人就是尊重自己。

第五点是“威而不猛”。真君子他是威严端庄的，但是他并不凶悍。孔子说，一个真君子见人做事，他的衣冠总是整整齐齐，目不斜视，端庄、稳重得使人心生敬畏。

一个人正其衣冠，不见得要华服美饰、绫罗绸缎，只要你干干净净，整整齐齐，眼神中有一种磊落，眉宇间有一种坦然，你对人有一种尊敬，那么别人看见你就会心生敬畏。

这样的敬畏，其实是一种深刻的尊重，并不是惧怕，所以孔子说是“威而不猛”。这种威严，跟你的权势无关，跟你的地位无关，跟你的财富无关，只关乎一个人的品德君子不需要有一种外在的凌厉气势，他很少攻击他人，他只拓展自己。
——于丹心语

和尊严。这样的君子不需要有一种外在的凌厉气势，他很少攻击他人，他只拓展自己。

以上这些，就是孔子所说的“五美”。如果你把这五美都做到了，那么这个社会的风气是不是就会好起来？大家都在努力工作，但是没有过多的贪欲；大家都蓬勃向上，内心都是有尊严的，这还不美吗？

子张接着问，老师说的“四恶”又是什么呢？孔子回答，“四恶”就是“虐”“暴”“贼”和“吝啬”。

第一，什么是“虐”？孔子说，你不先去教化天下，不先努力树立良好的社会道德风气，就直接去整顿社会秩序，把你认为的坏人给杀了，这就是“虐”。为什么呢？因为你事先没有进行教导，老百姓怎么知道该怎么做呢？他做了坏事，是你没带好他。但是，你直接就把他杀了，好不好呢？不好，对他不公平，这是恶政。

第二，什么是“暴”？孔子说，你不提前告诉百姓要做什么事情，就迫切地要求人们做事要成功，要拿出成绩，这就是“暴”。为什么呢？因为你急功近利，没有预先申诫，没有告诉百姓要做什么事，怎么去做，就急着要抓你的政绩，肯定会出纰漏，这样的话，百姓怎么能不受苦呢？

大家经常开玩笑说，有人吃三个馒头就能饱了，但是，他要节省前两个不吃，直接吃第三个馒头，希望这样能饱。实际上，没有前两个馒头垫底，他吃的永远是第一个。你没有先对百姓申诫该做什么，该如何做，就想很快出政绩，就好像那个吃馒头的人一样急功近利。你得给时间让百姓去准备，告诉他们规范在哪里，该做什么，不该做什么，否则如果只想着你的政绩，那么显然对百姓不好，这就是一种暴行。

第三，什么是“贼”？孔子说，你事先不督促，大家都很懈怠，临到最后，你却突然提出完工日期，逼迫大家赶工期，你这样做是很不负责任的。这样陷别人于不义，就是“贼”。

第四，什么是“吝啬”呢？该给人钱财的时候，不要吝啬；要真正有恩德，就要厚待于人。大家尽心竭力，把事情都做好了，到最后发放钱财的时候，却能少给就少给点吧，能够不给就不给了吧，出手不大方，这就是吝啬啊。孔子说，出手吝啬的人就好像“有司”那样小气。“有司”是古代对具体管事者的称呼，职务卑微。孔子的意思是说，真正治理世道的人，做大政治的人，他出手不应该像一个上不得台面的有司那样小家子气，他一定要兑现诺言，厚待于人。

这段话很长，但是里面讲了很多为政的道理。也许大家对孔子的理想多多少少有些质疑，认为这过分理想化，但是在他的德政理想中，确实有很多细节可以给我们以启发。

我们不能期待一个乌托邦的降临，但我们可以通过自己的点滴努力去建设一个美好的社会。

那么，我们该如何去建设呢？

其实，孔子已经给出了一些具体的答案。

有一次，季康子又向孔子问为政之道。季康子问：“使

民敬、忠以劝，如之何？”子曰：“临之以庄，则敬；孝慈，则忠；举善而教不能，则劝。”（《论语·为政》）

季康子问，要想使百姓恭敬有礼、忠贞不贰、勤勉努力，该怎么做呢？孔子回答说，你用庄重的态度对待老百姓，他们就会尊敬你；你对父母孝顺、对子女慈祥，百姓就会尽忠于你；你提拔善良的人，又教导能力弱的人，百姓就会勤勉努力了。在这里，孔子的意思很明白，就是执政者要想让老百姓变好，比如说具有恭敬、忠诚、勤勉等品质，都还得依赖于执政者自身的言行，这是对执政者本身提出了要求。我们看，孔子所说的内容都是一些非常实在的教导，告诉执政者要在一些具体行为层面上努力去做，达到德政的目标。

关于治世之道，孔子还提出了一些今天读来仍觉得很有意味的辩证观点。孔子的学生子夏在莒父县做官，有一次去找老师说，请问老师我要怎么处理政事啊？看来他对于怎么治世还有很多困惑。

孔子这次呢，没有讲怎么做的具体内容，只是说了两条原则：“无欲速，无见小利。欲速，则不达；见小利，则大事不成。”（《论语·子路》）“欲速则不达”，这是后世流传非常广泛的习语。

子夏为莒父宰，问政。子曰：“无欲速，无见小利。欲速，则不达；见小利，则大事不成。”
——《论语·子路》

孔子跟学生说了什么原则呢？就是让子夏记住两点：第一，在时间上，不要图快，不要急功近利，不要盲目追求速度；第二，不要被一些小的利益蒙蔽眼睛，失去可持续长远发展的机会。

孔子说：“不要图快，不要贪图小利。图快，反而达不到目的；贪图小利，就做不成大事。”“欲速则不达”，贯穿着深刻的辩证法思想，即手段和目的要注意平衡协调，不可一味图快，追求小利，否则就容易捡芝麻、丢西瓜，坏了大事。

我们知道，短跑运动员靠的是爆发力，长跑运动员靠的是耐久力。一个爆发力特别好的人，他的耐久力可能就比较差，而一个人参加马拉松比赛，从来不会一开始就以百米冲刺的速度冲出去。

政治经济建设的事情，那比马拉松要远大得多啊！如果一开始就冲刺，今天这儿搞一个大工程，明天那儿做一个大庆典，这都不是长远之道。如果被小利蒙蔽，就完成不了大事业。

对我们今天来说，不要求快，不要贪小利，这两条原则非常具有现实意义，不仅对执政者有用，而且对我们一般人而言也有很大的启发。我们在日常的为人处世中，或许都能从这两句话中得到启示。

刚才谈到，执政者的素质如何，对于德政的实施关系很大。具体的事情要靠人做，所以在孔子的德政思想里有一个很重要的方面，就是要举贤任能，要提拔一些能够实现德政理想的人。

《论语》里记载了鲁哀公跟孔子的一次对答，就谈到这个问题。“哀公问曰：‘何为则民服？’孔子对曰：‘举直错诸枉，则民服；举枉错诸直，则民不服。’”(《论语·为政》)鲁哀公问孔子：“要怎样做才能使老百姓服从呢？”孔子直截了当地给了一个答案：如果你把正直善良、品德高尚的人提拔起来，把他们安置在那些邪恶不正的人之上，那么老百姓就服从了。反过来，阿谀奉承、包藏祸心的邪恶小人，一个个都被提拔起来，放在国家的重要岗位上了，他们压制住了那些正直善良的人，那么老百姓就不会服从。就是如此简单。

我们现在看《论语》，有时候你可能会觉得它很不现实，但有时候你就会觉得它说的都是朴素的真理，它穿越了纷繁复杂的历史，把那些简单而有用的道理摆在了我们面前。

在某种程度上来说，政治的真正较量最后都在于你用了什么样的人才。什么人能够去治世呢，有统一的标准吗？对于这个问题，季康子跟孔子曾经有过一番有意思的对话：

季康子问："仲由可使从政也与？"子曰："由也果，于从政乎何有？"曰："赐也可使从政也与？"曰："赐也达，于从政乎何有？"曰："求也，可使从政也与？"曰："求也艺，于从政乎何有？"（《论语·雍也》）

有一天，季康子跟孔子谈话，大概是在品评人物的施政才能。季康子特地问到孔子的三个学生。这三个学生都是孔子很喜欢的弟子，分别是子路（仲由）、子贡（端木赐）和冉求。季康子一一问道，可以让子路、子贡和冉求他们治理政事吗？

孔子对自己的弟子很了解，回答说，他们都可以啊。孔子说，子路是一个勇敢、果断的人啊，让他去从政有什么困难呢？子贡这个人学问通达，思想灵活，能够变通，让他去从政又有什么难处啊？冉求也没问题，这个人多才多艺，他去从政，那有什么困难啊？

我们看看孔子这个回答，真叫“不拘一格降人才”，这三个人性格、禀赋、才能多么不同啊，但是一样可以去治理政事。孔子太了解自己的学生了，也了解治理政事所需要的条件，所以才这么肯定地回答季康子。

这三个人，你要是挑他们的缺点，不是没有。比如说，子路有勇无谋，但是孔子说，没问题，这个人有他的优点，因为他勇敢果断，他可以。子贡是一个做生意很精明的人，也有很多毛病，如喜欢议论别人，孔子就曾善意地批评过他，但是孔子说，这个人通达，他很会融会贯通，从政也没问题。冉求多才多艺，如果从批评的眼光来看，可能会说他胸无大志，沉湎于那些技艺，但是孔子说，一个多才多艺的人让他去从政有什么难处啊？

孔子的回答说明，治世需要丰富的心灵，需要不拘一格的人才，每一个人都能够在他所担当的职责上把长项发挥出来，那么他就是最好的。孔子在用人上的这种思想对今天应该启发很大。

治世需要丰富的心灵，需要不拘一格的人才。

——于丹心语

那么，什么人能够这样去用人呢？这个人自己应该是胸怀坦荡的人。什么人才是伯乐呢？这个人自己应该心底无私，人格端正。

我们都知道鲍叔牙和管仲的故事，这是中国历史上著名的故事。他们两人本是好朋友，真正的知己之交。鲍叔牙跟了公子小白做事，而公子小白呢，就是后来有名的齐桓公。小白打败了公子纠，做了齐国的国君，这时鲍叔牙给他推荐了一个人。他说:“如果您真要治理好这个国家，真想让国家兴旺发达，为什么你不起用管仲呢？管仲这个人，在宽厚仁慈对待百姓上我不如他，在治理国家不失权柄上我不如他，在指挥打仗军事谋略上我不如他，在制定国家法度礼仪上我也不如他，那么你为什么不请管仲来呢？”

提起管仲，齐桓公可是心有余悸，因为管仲当年就是公子纠的门客，曾经在争斗中一箭射到公子小白的衣带钩上，差点要了小白的命，如今他逃亡在外。如果那时管仲射死了公子小白，如今的齐国国君就应该是公子纠了。这位管仲可是齐桓公的大仇人，怎么能够用他呢？但是，齐桓公听鲍叔牙这么一说，便摒弃前嫌，赶紧把管仲请了回来，让他做了齐相。这管仲虽然早年出身贫寒，但确非等闲之辈，忠心耿耿辅佐齐桓公治理齐国，结果，齐桓公做了天下霸主，“九合诸侯，一匡天下”，声威赫赫。

可以说，管仲治齐，虽然有鲍叔牙的推荐之功，但若非齐桓公有容忍大度的襟怀，那绝对没有管仲发挥的机会。

齐桓公与管仲的故事，跟后世李世民与魏徵的故事如出一辙。魏徵本是李世民的政敌、太子李建成的手下。李建成死后，李世民同样不计前嫌，任用魏徵，这才有了后来彪炳史册的“贞观之治”。

今天，我们作为一个普通人，也许无心于政务，那么学习讨论《论语》的治世之道，有什么意义呢？

其实，这个问题孔子已经回答了。

有一天，有人问孔子："您怎么不从政呢？"这大概是在鲁定公初年，当时孔子没有做官。孔子是怎么回答的呢？他是这样说的："《书》云：'孝乎！惟孝，友于兄弟，施于有政。'是亦为政，奚其为为政？"（《论语·为政》）

或谓孔子曰："子奚不为政？"

子曰："《书》云：'孝乎！惟孝，友于兄弟，施于有政。'是亦为政，奚其为为政？"

——《论语·为政》

孔子说，《尚书》上有这样一句话，说："孝啊，只有孝顺父母，友爱兄弟，把这种风气影响到政治上去。"这也就是从政了啊，为什么一定要做官才叫参与政治了呢？

孔子的意思是说，我把友爱、孝顺之心推到一切事务上，这就是最大的政治。也就是说，家庭关系、朋友关系，都处理好，才能够谈到整个社会的和顺。如果这样做，整个社会都和谐了，这还不是为政吗？

后来，孔子周游列国，虽然没有得到从政的机会，但是他每到一个国家都知悉这个国家的政事。有一个叫陈亢（字子禽）的人对此很奇怪，问子贡："他老人家一到哪个国家，必然听得到那个国家的政事，这是他求来的呢，还是别人自动告诉他的啊？"

子禽问于子贡曰："夫子至于是邦也，必闻其政，求之与？抑与之与？"

子贡曰："夫子温、良、恭、俭、让以得之。夫子之求之也，其诸异乎人之求之与？"

——《论语·学而》

子贡是怎么回答的呢？子贡说："夫子温、良、恭、俭、让以得之。夫子之求之也，其诸异乎人之求之与？"（《论语·学而》）这句话的意思是说，孔子为人温和善良，对人恭敬，行为节俭，而且他整个人散发着一种谦逊的光芒，他就靠着这"温、良、恭、俭、让"做到每到一地就能熟悉当地的政事。这是一种人格力量的延伸，这是一种道德的凯旋。当他拥有这些品质的时候，还用得着求着人家问吗？还用得着各个国家的国君自动告诉他有关的政事吗？最后子贡说，我们老师了解政事的方式，或许跟其他人的方式都不一样吧。

也就是说，当一个人呈现出来一种“温、良、恭、俭、让”的姿态，有了这种道德力量的时候，他才能够洞悉真正的治世之道。

上面两段话能够给我们一个启发，人与世界的关系永远是密不可分的。对于世界的感知，对于整个世界的变迁和文明的走向，不一定说非要有一个专门的官职，也不一定非要学会多少权术才能去了解，而是每一个人都可以从一个道德起点出发去感知。

在孔子所处的春秋时期，以德政施行于天下，也许是一个不切实际的幻想，但当整个文明走过两千多年，在我们今天有了法治作为保障的社会中，可能道德的力量比任何一个时代都更能发挥它的功能。

我们站在今天去看古人的教导，虽然没有必要去墨守成规，但还是能够获得很多启发。没有人说孔子在历史上是一个成功的政治家，但这并不妨碍他的德政理想作为温暖的种子延续到我们今天的社会之中。让我们去发展和完善孔子的理想，使我们的生活变得更美好。

忠恕之道

以直報怨以德報德

忠恕这样的道理，孔子在两千多年前就一以贯之地实行过。

让这样的道理走进我们每个人的心里，简单来说，就是忠诚于自己，善待他人。

以这样的心生活在这个社会，不管这个世界如何纷乱，如何迷茫，我们每一个人都会活得自在一些。

在今天这个时代，我们都面临着一个问题，就是外在的迷惑太多，变化太快。

千变万化里面，有什么东西以不变应万变？自己心里的依据到底在哪儿？今天我们总在说，人的行动是听从心灵指引方向的，但是自己的心又在哪儿呢？这是我们自己老找不到的东西。

其实，我们看看孔子那个时代，就会发现有好多概念是从心灵出发的。孔子讲的人生道理中，有好多字都属于心字旁部首。

有一次，孔子给学生上课。“子曰：‘参乎！吾道一以贯之。’曾子曰：‘唯。’子出，门人问曰：‘何谓也？’曾子曰：‘夫子之道，忠恕而已矣。’”（《论语·里仁》）

子曰：“参乎！吾道一以贯之。”曾子曰：“唯。”

子出，门人问曰：“何谓也？”曾子曰：“夫子之道，忠恕而已矣。”

——《论语·里仁》

孔子跟他的学生曾参说：“曾参啊，你知道吗，我做人、做事的道理有一个贯彻始终的观念。”曾子心领神会，说：“我明白。”孔子出去之后，别的学生就问曾参：“老师说的是什么意思，那‘一以贯之’的东西到底是什么啊？”曾参给他们解释说：“老师这一生，做人、做事最根本的出发点，就是忠和恕两个字。”

我们就会联想到，学生子贡曾经请教老师：“您能给我一个字让我终生奉行吗？也就是说，我一辈子就记这一个字，按这个字去生活，有吗？”老师说，如果有这个字，大概就是“恕”字吧！

何为忠，何为恕呢？宋代朱熹对“忠恕”两个字解释得非常好，非常简单。他说：“尽己之谓忠，推己之谓恕。”也就是说，尽自己的心是忠，用自己的心推及他人就是恕。有人说：“中心为忠，如心为恕。”朱熹也引用了这个看法，并且说这个看法也是说得通的。你看，这两个中国字，写得很有意思吧！

我们想想自己内心的标准，良知在哪里，是非在哪里，自己心里装着的判断是什么？经常对自己提这些问题，并努力做好自己该做的事情，这就是“忠”。

而“恕”呢，就是将他人心比作自己心，自己跟他人做换位思考，这样你就变得宽容了。这就叫“中心为忠，如心为恕”。

但是，这两个字都有一个前提，就是你得知道自己的心在哪儿。

如果我们没了自己的心，那这个世界上我们可比的标准太多了，今天你看一看，你邻居家的生活是一个可以比的标准，广告上的生活又是一个可以比的标准，报纸上关于某一家生活的报道也是一个可以比的标准。也就是说，这个世界上峥嵘万象，诱惑太多，但是自己的心在哪儿呢？

今天，我们不难看见整个外在世界给我们提供的种种参照，但是只有在心灵的坐标真正确立之后，忠恕才是可行的，我们才能像孔子那样找到一生一以贯之的这个根本之道。

有了自己的心以后，由自己心灵出发，抵达他人心灵，这就找着自己跟他人相处的途径了。

怎么做到尽自己的心，怎样对他人恕呢？这就是孔子所说的道理，自己愿意做的事情，帮人家也做到这样，就是“己欲立而立人，己欲达而达人”（《论语·雍也》），而自己不愿意做的事情不要强加于人，就是“己所不欲，勿施于人”（《论语·卫灵公》）。我们想想，这一切都还是依赖于自己心里的判断。

还是这个曾参，他曾经说过：“吾日三省吾身：为人谋而不忠乎？与朋友交而不信乎？传不习乎？”（《论语·学而》）曾参说：“我每天要多次反省自己的内心。”他都反省什么呢？

第一点就是“为人谋而不忠乎”。每个人都有自己的社会角色、职业身份，你在这个社会上做点事情，去谋一个差事，做一个职业，你做到忠诚了吗？

也许今天会有很多人说，我们已经过了那个忠于君主的时代，我们今天还要提这种“忠”吗？我们不是经常说，

由自己心灵出发，抵达他人心灵，这就找着自己跟他人相处的途径了。

——于丹心语

子贡曰：“如有博施于民而能济众，何如？可谓仁乎？”

子曰：“何事于仁，必也圣乎！尧舜其犹病诸！夫仁者，己欲立而立人，己欲达而达人。能近取譬，可谓仁之方也已。”

——《论语·雍也》

子贡问曰：“有一言而可以终身行之者乎？”

子曰：“其恕乎！己所不欲，勿施于人。”

——《论语·卫灵公》

历史上的忠臣很多是愚忠，我们还需要这样的忠臣吗？

其实，我们想一想，“中心为忠”这个概念永不过时，因为真正的忠诚，不是忠诚于外在的一个标准，也不是忠诚于哪一个人、哪一种制度，他忠诚的是内心的道德判断、良知所在。

所以，真正的忠诚是在自己的心里，一个用心去做事的人，才真正可以做到对岗位、对职业有一份忠诚。

我们在工作上做到职业化，那只是底线，但是如果有自己的心灵在的话，可以在工作上面发挥出无限的聪明才智，我们就会做到比职业化更高的境界。

我看到过一个有意思的故事，是关于卖花的。简简单单的一家小花店，店主想招聘一个营业员来卖花。来应聘的是三个小女孩，第一个女孩是专门学园艺出身的毕业生，所以她了解很多专业知识。第二个女孩在别的花店干过很长时间，有很多实践经验。第三个女孩什么都不知道，从来没接触过花卉知识，她就是一个待业的女孩。这花店的主人把三个女孩都留下了，看她们怎么卖花。

第一个女孩因为是学园艺出身，所以她非常专业，只要来了客人，她就要问一下，你给谁送花，是给父母长辈，给同学朋友，还是自己的恋人？你是选择一个什么纪念日？那她马上就能给你解释一下花语，每一种花代表什么，几朵花代表什么，花与花相配组合出来的语言是什么。她用自己的专业知识去做，有很多人喜欢她，业绩也不错。

第二个女孩因为长时间卖过花，她会从利润上、从花店的收入上考虑更多，所以她很精细。大家知道，搬运花卉的时候有好多花会折断、损伤，很多花朵也会掉落。这个女孩在插花的时候，总是会拿牙签把断了的花再插到花泥上，这样能节约成本。她插出来的花成活率特别高，特别漂亮，大家看了也很满意。

第三个女孩子既不懂花语，也没有卖花经验，应该说她是一个很不职业化的人。但是，这个女孩子是一个本性特别清纯善良的孩子，所以她看到残花败朵的时候，会舍不得扔掉，不过她不会用牙签把它再插回去，她总是站在花店的门口，早晨看见有上学的小孩，她就会把残破的花一朵一朵放在他们的小手里，晚上看到有散步的老人，她也会捧着一把残花发给他们。每次送花的时候，她都会笑着告诉他们："送人鲜花，手有余香。如果你自己不太喜欢了，还可以再送给别人。"

一星期以后，这个花店的主人决定留下第三个女孩子。

在我们所面对的职业里，有时候专业的技巧，甚至你所筹谋的利润可能都不是最重要的，也就是说，重要的是，有你的心在吗？你是带着一颗心去尽自己的忠诚吗？只有这样的忠诚，才可以真正提升一个职业，带来真正的人性魅力。

其实，卖花是卖一段花的心事，卖花是卖如花的心情，所以第三个女孩从职业资质上讲比前两个人都差，但是她有一颗心在，这就是一种"中心为忠"。

有了这样的忠以后，还需要注意做到什么？每一个人从自己的内心出发，去看待自己和他人的关系，而世界是变化很快的，那么就要求自己的心灵永远有定力，对自己保持一个正确的估价，你的忠诚度才不会降低，这就是《论语》一直说的“君子求诸己，小人求诸人”(《论语·卫灵公》)的意思。

在这个社会上，一天到晚求他人给个机会，给个岗位，提携一下，这样的人不少。不是说这么奔忙的人不好，机遇固然要抓住，但是一个根本的出发点是你要知道自己是什么人。

在这个社会上，一个人总会有被人误会的时候，总会有怀才不遇的时候，中国历史上多少文人的感慨就是生不逢时、没有得遇明君贤主啊，在这个时候，人的内心是容易动摇的。这个时候，你要看清自己的心。你觉得我对于自己生命的这份忠诚有人了解吗？我的这份忠诚能够嫁接到社会上，进入一个职业岗位吗？这时候，内心是惶惑的。做一个“求诸己”的君子，很不容易。

但是,《论语》里一直在提倡:“君子病无能焉，不病人之不己知也。”(《论语·卫灵公》)真正的君子，他心中所想的是担心自己没本事，从不担心别人不了解自己。

这话还有一种表述，就是:“不患无位，患所以立；不患莫己知，求为可知也。”(《论语·里仁》)不要发愁现在社会上没有让你去尽忠的那个职位，真正要发愁的是你自己有安身立命的本事吗？如果有了这个本事的话，早晚有你的位子。也不要发愁现在没有人了解你，真正要发愁的是，你有什么资本让别人真正了解你啊？你得去追求值得让别人了解你的本领。

但是，你先问问自己，你自己的内心真正建设好了，做好这个准备了吗？人们对自己的判断，有时候很容易在妄自尊大和妄自菲薄这两端之间游移不定。

我们老在说别人不了解自己，老抱怨世界上没有伯乐，其实又有几个人真正了解自己的价值？一个人到底有多大价值？

有一个年轻的弟子去问一位大禅师，他说："求你指给我一条光明的人生路吧。你说说我的人生到底能有多大价值？"

这个大禅师淡淡地问他："你说一斤米有多大价值？"

年轻人愣住了，只听到禅师说："一斤米，如果在农妇眼里，它就是两三碗米饭而已。在一个卖米的农民眼里，它就值一块钱而已。如果这一斤米到了一个包粽子的人手里，他稍微加加工卖出去，就值三块钱。它到了一个做饼干的商人手里，再加加工，这一斤米就值五块钱。如果它到了一个做味精的人手里，提炼提炼，这斤米就能够产生出八块钱的价值。它到了一个酿酒的人手里，他用这个米酿出酒来，这一斤米就可能产生四十块钱的价值。但是，这还都不是边，这一斤米的价值还可以再开发下去。不过，米还是那一斤米。你明白了吗？"

其实，禅师讲的就是该如何看待人生的价值。每个人来到这个世界上，同样进入社会，我们人人手里都有自己生命的"一斤米"，我们是把自己的生命做一两碗米饭，还是让自己的生命去酿酒，去提炼加工？如何选择你的做法，这个权力不在别人手里，而在你自己手里。那么，我们还会害怕别人不了解自己吗？其实是你自己不了解自己。我安顿好自己的内心，实际上就是在内心开发和确认好自己的价值。
——于丹心语

们说，安顿好自己的内心，实际上就是在内心开发和确认好自己的价值。

我们以前说过，孔子认为真君子无非就是不忧不惧。一个人没有那么多忧思和恐惧，是因为他先把自己的心安顿好了，他知道自己的价值何在。

有一个故事说得很好。一个年轻人问一个老者："这一片无垠的沙滩上，小沙粒就有这么多，我就像沧海一粟一样，我怎么样才能够显示出自己的价值？"

老人捡了一粒沙子，说："你觉得这就是你吧。我一撒手掉在沙滩上，你还能给我找着吗？"年轻人说，那当然找不着，满沙滩都是沙子。

老人又从怀里掏出一颗珍珠，啪嗒一声掉在地上，说："你能给我把这个捡起来吗？"年轻人说，那当然可以，因为不同啊。他就捡起来了。

老人说："那你就明白了吧。你怎么就不能让自己先做成一颗珍珠呢？如果这样，你还怕别人捡不起你来吗？"

其实，这些故事告诉我们一点，就是《论语》里面所说的一个道理："人不知而不愠，不亦君子乎？"（《论语·学而》）别人不了解你，你就一定要暴跳如雷吗？一定要着急辩解吗？一定要向世界证明吗？别人不了解你，你也不愤怒，这才是君子的情怀。

孔子自己是怎么做的呢？孔子说："不怨天，不尤人。下学而上达。知我者其天乎！"（《论语·宪问》）不怨恨天，也不责备人，自己通过具体的学习，去了解很高深的道理。知道我的，恐怕只有天吧。一切都从自己的生命中寻找建立的依据，而不要动不动就抱怨这是老天不给我机会，这是别人挡了我的路，这才是我们应该有的态度。

真做到“不怨天，不尤人”，那是很不容易的。也就是说，不在外在的客观环境上寻找理由，而在内心建立起自我估价的标准。这就是一颗心的价值所在，只要有这样的一颗心，建立起自我的判断，这种忠诚跟着就有了。

我想，在今天这个时代，我们面对的机遇越多，世界越辽阔，我们的忠诚就应该越坚定，越朴素。这就要我们从自己对生命的忠诚开始，抵达对社会、对职业、对他人的忠诚。如果对自己的生命都缺乏一份忠诚，那么我们的“中心为忠”，其根本又立在哪里呢？

其实，儒家的经典就是教给我们通过自省而认知自己，找到生命的价值。

有很多人知道自己不好，看见了自己的过错，但是文过饰非，所以孔子就感慨：“已矣乎！吾未见能见其过而内自讼者也。”（《论语·公冶长》）算了吧，我还真没见着看到自己错了，就认认真真反躬自省，去检讨自己有什么不足的人呢！

也就是说，看到一件事情自己做错了，或者能力不及，我们总是追悔，然后竭力想为自己掩饰，想让自己心里好受一点，所以就说，哎呀，这是偶然的一个事故，如果不是谁偶然进来了，或者谁给我捣乱了，谁工作上失误了，怎么会导致这样呢。我们总是不自觉地把责任推到别人身上，我们总是缺少“内自讼”的能力。实际上，我们的内心需要保持深刻的、理性的、不推卸责任的检讨。

我曾经看到一些管理学图书中介绍说，现在国际上有一些大公司，在一周五天的工作日里面，会专门定一天为“无借口日”。让你五天都不找借口很难，但是一定要有一天，不管出了什么样的闪失，你都不要找借口。从这一天开始，培养一种良好的职业习惯。

其实，这样的习惯成了自然，也就达到了孔子所说的那个境界：“躬自厚而薄责于人，则远怨矣。”（《论语·卫灵公》）一个人多责备自己而少责备别人，那么怨恨自然就不会来了。时时检讨自己，保持头脑清醒，对别人的责怪就少了，这样就会远离别人的抱怨。

子曰：“躬自厚而薄责于人，则远怨矣。”

——《论语·卫灵公》

有一句俗语说，这个世界上哪个不议论人，哪个又不被人议论？大家都会在私下里议论是非，说长道短。孔子的学生里面就有这样的，比如说子贡，“子贡方人。”（《论语·宪问》）什么叫“方人”？就是议论别人短长。

他的老师孔子针对他，就说了一句话：“赐也，贤乎哉？夫我则不暇。”（《论语·宪问》）老师说：“赐啊，难道你就已经很贤良了吗？你已经贤到这个份儿上，可以去评论他人的短长了吗？你老师我可没有闲工夫去评论别人啊。”

孔子的这句话多少有一点责备的意思。你子贡真的贤成这样，能说别人的不是了，可是你自己真的就这么完美了吗？这句话也是我们每个人可以问问自己的。我们可能都没有达到七十二贤人的境界，我们的眼睛往往只会盯着别人的短处，似乎看别人的短处就反衬了自己的长处，议论他人不幸的时候，自己的幸福感就得到了满足和延伸。

有时候我们议论他人的不幸，往往不是抱着沉痛的悲悯，而是在这种议论之中，让自己的内心得到一种自足的宣泄。这样的动机善良吗？我们总在说，谁今天又失败了，谁多不好啊，言外之意就是：你看看，我就比他强多了。这就可能远离了孔子所说的“恕”道。

由忠到恕，由自己的心推及他人的心，无非就是一个将心比心的过程。你希望别人在背后议论你的短长吗？所以，真正的“忠”，是从自己内心的一种态度出发，表现到外在，再推及他人，达到真正的“恕”。

樊迟曾经去问老师，什么叫作“仁”呢？老师回答他说：“居处恭，执事敬，与人忠。虽之夷狄，不可弃也。”（《论语·子路》）老师提了三个标准。

樊迟问仁。子曰：“居处恭，执事敬，与人忠。虽之夷狄，不可弃也。”
——《论语·子路》

第一是“居处恭”，平时居家过日子，自己闲待着的时候，也要保持着一种恭恭敬敬接人待物的礼仪风格。

第二是“执事敬”，每做一件事，不管是大是小，内心保持着认真敬重的态度，把事情做好。

第三是“与人忠”，跟人打交道的过程中，以忠信作为根本，诚心诚意。这三个标准，“虽之夷狄，不可弃也”，就算是在蛮荒的、不开化的地方，也是不可以放弃的。老师说，这就做到仁爱了。

我们看一看，“恭”“敬”“忠”这三个字是一种什么关系呢？人实际上是内敬而外恭，然后与人交往有忠信。我们今天老提倡要恭恭敬敬地对人，但是如果内心没有“敬”，外在的“恭”是做不出来的。“敬”是一种态度，“恭”是一种行为，内敬而外恭，然后与人交往才有忠诚可言。

子贡曰:“我不欲人之加诸我也,吾亦欲无加诸人。”

子曰:“赐也,非尔所及也。”

——《论语·公冶长》

我们说“如心为恕”,为什么“恕”这一个字可以终身行之呢?我们用自己的心跟他人的心相比,会比出什么呢?

子贡有一次跟老师说:“我不欲人之加诸我也,吾亦欲无加诸人。”(《论语·公冶长》)什么意思呢?子贡说:“老师啊,我可不愿意别人把他的意志强加在我的身上,当然我自己也不愿意把我的意志强加在别人身上。”这个世界上,大家各自保持着一种尊敬,谁都不要强加于人,这不行吗?

其实,这是我们每个人的想法,但孔子知道现实什么样,所以孔子跟他感叹说:“赐也,非尔所及也。”(《论语·公冶长》)

孔子说:“子贡啊,这不是你一厢情愿就能够做得到的。”你不想强加于人,但是别人可能也会强加于你,而在某些情况下,你自己不自知的时候也许会强加于人,所以这不是你一厢情愿就能够做到的事情啊。

我们想想,在这个世界上,不要说有很多恶的愿望,为了一己利益去强加于人,形成一种掠夺,就是很多的善意,难道我们不也时常把这些善意强加于人吗?

在自己的亲人之间,朋友之间,我们往往不也是用自己认为美好的东西去要求别人吗?要求别人一定吃什么,要求别人一定穿什么,要求别人以什么样的方式生活。所有这些,也都是强加于人。

为什么“己所不欲,勿施于人”这句话会流传得很广?因为大家都觉得是这么个道理,所以总在提醒自己,但是也总是做不到。“恕”为什么老要提倡，就是因为它好，但是很难做到。这个“恕”字的出发点是将心比心，然后我们才会宽容些。

其实，我们不是说两千多年前所有的道德标准都适用于今天这个社会。我们知道，宽恕是有前提的，我们并不主张毫无原则的宽恕。

那么，在今天我们的生活里，宽恕的前提是什么呢？

我们今天这个社会有两条无形的线，一条是以法律为核心的制度线，它是保底的；另外一条是以伦理为核心的道德线，它是提升的。如果说，有什么样的事情突破了底线，伤害了公民的权利，甚至危及我们的生命，危及我们的尊严，那都要诉诸法律。

但是，在法律这条线之上，能够用道德去解决的，能够让我们说服自己心灵的这个部分，才属于恕道。也就是说，恕道不是无边的，我们永远不要以为恕道能够延伸到法律这条线之下。

在可控范围之内，我们如何宽容？宽容源自于理解，就是看一看他人的境遇和自己的生活，将心比心。就算是有很多不好的事情不幸发生，某些伤害就摆在那里，我们该怎么做呢？孔子曾经说过，“以直报怨”（《论语·宪问》），用一种正直坦荡的态度来处理，让它过去，在最短的时间内让它化解，而不是纠缠不休，以怨报怨。

> 宽容源自于理解，就是看一看他人的境遇和自己的生活，将心比心。
>
> ——于丹心语

大家知道，古希腊神话里面有一个大力士赫拉克勒斯。赫拉克勒斯有一次在路上碰到一个小袋子，静静地躺在一条很窄的山路上，挡住了路。他走过去的时候，顺便踢了小袋子一脚，想把这路面清出来。没想到踢了一脚，这个小袋子膨胀了一下，变大了，一动不动。赫拉克勒斯生气了，上去又啪啪踢它几脚，却发现这个袋子越踢越大。最后赫拉克勒斯找来一根大棒子，开始打它，打到最后，这个袋子就把这条路给堵死了。

这时候，路边过来一个哲人，跟赫拉克勒斯说："大力士啊，你不要跟它较劲了。这个袋子的名字叫'仇恨袋'。仇恨袋的原理就是越摩擦越大。当仇恨袋出现在你路上的时候，你置之不理，根本不去碰它，它也就这么大了，不会给你造成更大的障碍。等你逐渐走远了，它就被忘记了。但是，如果你跟它较劲，你越踢它，越打它，仇恨袋就越大，最后封死你的整条道路。"

这是一个古希腊的神话。它对我们来说，有没有意义呢?

我们这一生有太多太多要走的路，有太多太多远大的梦想，仇恨袋就在我们行走的每个路口若隐若现，我们一定要走过去跟它较这个劲吗?

如何做到"恕"？我想，只有在对这个世界真正有体会，知道人生有很多无助与苍凉，对自己内心忠诚真正把握，理解他人的艰辛和自己道路的远大，所有的这一切都做到之后，我们对于怎样去走这条路，才会得出自己的结论。也只有这样，对于人生路上的仇恨袋，我们才会找到更好的应付办法。这个办法，就是恕。

美国有一位心理学家阿尔伯特·艾利斯，提出过一个理论，叫情绪困扰理论。这个理论是说，一个人负面情绪的产生，引起人生巨大的困扰，往往不是因为事件本身，而是因为人的信念。

那么，信念又源自于什么呢？源自于你对事件的判断。但遗憾的是，人们往往从一些片面的判断出发，夸大了负面的因素，你的信念就会有偏差，所以就产生了负面的情绪，进而形成了困扰。也就是说，判断导致信念，信念导致情绪，情绪导致困扰。

在艾利斯这个理论中，并不是事件本身造成了人的困扰。同样的事件，不同的判断会导致不同的情绪投入。

孔子说，忠恕之道，一以贯之。对己对人，都应当是这样。我们想，如果一个人对自己的心都不能宽容的话，那何谈宽容别人呢？你跟自己都较劲，有很多事情过不去，那你看这个世界，肯定处处狭窄。

陈传席《秋风流泉自在身》（局部）

其实，怎么看待自己的生命，建立自己内心的价值坐标，是你能不能对世界抱有希望和宽容的前提。

有一个故事说得好。有一个人过新年，想买双新鞋，去各个鞋店挑。他是一个完美主义者，觉得这个鞋店的款式不好，那个鞋店的价钱太贵，等到款式、价钱都合适，又没有适合他的号码了，所以挑了一整天，一双好鞋也没挑着。

等到黄昏，他无比郁闷地往家走的时候，迎面过来一个坐轮椅的人。他看着这个人，想，这个人连脚都没有，也就没有挑鞋子的烦恼，用不着去挑鞋了。

想到这里，他突然明白了一个道理，人生还有鞋可挑，是多么幸福的一件事！何必要那么挑剔呢，你总能找到适合自己的鞋子。相比于那些连鞋都没有机会去挑的人，你总归是幸运的。

我们看这个世界，该抱着什么样的态度呢？我们往往在一种片面的情绪里夸大了自己的痛苦，跟那个挑鞋的人一样，一直情绪低落，以为一时挑不着合适的鞋子是多么大的痛苦。我们想想，要对别人实行恕道，对他人、对世界有宽容之心，前提就是放弃这种跟自己的无谓的较劲，要明白自己的心。

很多时候，人们总会看重不曾拥有的东西，奢望拥有那些华而不实的东西，而对眼前拥有的一切不懂得珍惜。

有一个小伙子，跟一个白发苍苍的哲人诉苦："你看我现在很年轻，没有资历，也没有财富，也没有好的职业，我在世界上一无所有，你说我这一辈子的人生多无望啊！"

老人说："你说你没有财富，那么如果现在砍你一根手指头，给你一千块钱，你干吗？"

小伙子说："不干啊。"老人说："给你更多，砍你一根手指头，给你一万块钱。"小伙子说："那我也不干啊。"

老人说："如果让你现在马上变到八十岁，给你一百万呢。"小伙子说："我更不干了。"

老人又说："现在让你马上就死，给你一千万。"小伙子勃然大怒："我都死了，我要那一千万干什么啊？"

老人说："很好，你现在的资产已经有一千万元了。你想想，刚才所说的一切不都没在你身上发生吗？你还如此年轻，这就是你的资本。"

在这个世界上，每一个生命走到今天，走到我们目光相遇的时刻，都是一种值得感恩的机缘。恕道里包含一种深刻的心理，就是感恩之心。我们现在过于匆忙动荡，把太多的东西看作是本分，而不是情分，所以无法感恩。我们知道，一个人如果看到什么都是本分，那就没有感激；如果看到情分更多，那就会有一种珍重之心。

一个人如果看到什么都是本分，那就没有感激；如果看到情分更多，那就会有一种珍重之心。
——于丹心语

忠恕里面包含感恩之心，这种感恩就是对现在的种种机遇、自己当下的日子、自己身边的人都抱有深深的珍重和淡淡的感怀。这样的心情会让我们对世界更加宽容。

有一次，孔子去了一个地方，叫互乡。"互乡难与言，童子见，门人惑。"（《论语·述而》）这个地方的特点就是人们难以互相沟通，谁去了都很难沟通，偏偏孔子去了以后呢，见了那儿的一个小孩子，还聊得挺高兴。这就引起他的学生很大的不解。

互乡难与言，童子见，门人惑。

子曰："与其进也，不与其退也，唯何甚？人洁己以进，与其洁也，不保其往也。"

——《论语·述而》

学生很奇怪，老师你怎么能跟那儿的人沟通，而且跟个孩子聊起来，聊什么啊？孔子说什么呢？他说："与其进也，不与其退也，唯何甚？人洁己以进，与其洁也，不保其往也。"（《论语·述而》）

这几句话什么意思呢？"与"，在这儿是肯定、赞许的意思。这个世界上人无完人，固然大家都有缺点，但是也不会有一个浑身上下全是缺点的人，也没有一个地方说那儿的人难沟通，那个地方的人全都冥顽不化，所以你总归能看见一些优点吧。孔子说"与其进也"，就是你多去肯定他身上那些进步的地方，能够往前走一步而符合潮流的东西；"不与其退也"，他身上就算有很多毛病、缺点及退步、落伍的东西，你不肯定他不就完了吗？也就是说，你忽略他退步的那一部分，去肯定他进步的那一部分。

孔子还说了三个字："唯何甚？"干吗非得要较真呢？一定要那么苛责吗？一定要做得那么过分吗？你干吗一定抱着挑剔的眼光说这儿不好那儿不对呢？何况一个无知的孩子，你把他批得体无完肤，你就是圣人吗？

孔子从不炫耀自己的圣明，但他博雅的情怀会使他对所有人抱有深刻的同情和尊重。孔子说，人都有向上之心，人家改正了错误以求进步，我们要肯定他改正了错误，不要死抓住他的过去不放。人们都希望自己的心是干净的，心是清洁的，这样才好往前走。现在他有向善之心，你就要好好鼓励他，这样他才有未来。你为什么指指点点非要说他过去做过什么，他以往有哪些污点、哪些劣迹一定是洗不干净的呢？孔子说，他那些过去的事情过去就过去了，这叫“不保其往”。

“恕”这一个字行之终身，说出来容易，但具体该怎么做呢？我们说，孔子在好多地方都是这么做的。孔子就是本着这样的态度，在一般人都认为难沟通的地方，而且是跟小孩子，可以沟通得很好。

现在这个社会，人们都住在钢筋水泥的丛林里，一个一个单元，门都关得紧紧的，不像大杂院的时代，大家都嘻嘻哈哈在一起，各家各户干什么大家都知道。现在，每一个人越来越封闭了，人跟人的沟通越来越艰难了。

其实，真正艰难的不是物理意义上的障碍，而是心灵上的藩篱。心灵上的藩篱何在呢？在于我们自己的苛刻和挑剔，在于我们缺少一种推己及人的恕道。如果你老看到别人的不好，你眼神中就隐隐地带着不屑，这样的话，你能够有一种真正的坦率忠诚去面对别人吗？你肯定做不到。

推己及人，人跟人的沟通有时候就是这么简单。

我曾经看到过一个故事。一位大文学家，他匆匆忙忙走在路上，遇到一个老乞丐，在寒风里跟他伸手乞讨。这时他摸遍身上，想掏出点钱来给这个老人，偏偏他那天分文没带。

他看见那个老乞丐一直在瑟瑟寒风里伸着手，就特别内疚地握着老人的手说：“兄弟啊，真是对不起你，我今天没带钱。”

那个老乞丐一听这话，精神陡然一振。他看着这个衣冠楚楚的人，说：“老哥，你是叫了我一声‘兄弟’吗？我已经很知足了，这比你给我什么都高兴。”

其实，我们也许不会以这样的方式在世界上乞讨，但是，实际上我们都隐隐地希望得到一种肯定，希望别人给你这样一种关怀。这是人之常情。有时候，恕道仅仅就是一个真诚的沟通，它真的很简单。你实行了恕道，你就会对很多事情持着乐观的态度，而不是抱着仇恨的态度。

有时候，人生的好机遇可能会被坏心情放走。一个人遇上不好的遭遇，最好也要保持好心情，也许会等到转机。

有一个故事说，一个特别忌妒、特别贪婪的人，有一天他遇到了上帝。上帝说："我给你一个机会，你想要什么我就给你什么，你就开口吧。但是有一个前提，就是我给你一份，同时就给你的邻居两份。"

这个人非常贪婪自私，而且他一直忌妒他的邻居。他先想说："我要田产。"但又一想，我就算要了一千亩，那他们不是就有两千亩了吗？不行。

他想说："我要金钱。"但是又想，我要是要了一千万，他们不是有两千万了吗？还不行。

他想说："要美女。"可是，我要是要了一个，他们不是有了两个吗？那更不行。

他想来想去，就一直处在这种忌妒、仇恨中。

最后，他把这个唯一的机会表达成什么了呢？他咬牙切齿地跟上帝说："那你把我的一只眼睛剜掉吧！"他想，这样的话，他的邻居就要被挖出两个眼珠。

这只是一个假设的故事，但是，它有没有意义呢？我们想想，如果我们真的遇上神话一般千载难逢的机会，首先想到的是完美的建设，还是可怕的复仇？

人生不可能没有磕磕绊绊，不可能不会遇到一些冤家对头，但是我们真的要把一生都用来击打仇恨袋吗？我们真的要把唯一的机会表达为“你剜掉我的一只眼睛”吗？

这个故事听起来很可笑，但是想一想，有时候我们真的就在做这样的事情。不是吗？对于故事里的这个人来说，这个可以允诺他美好一切的机会一旦错过之后就永不再来，可能他的心态就决定了他将拥有的会是新一轮的仇恨、抱怨和遗憾。

什么是恕？就是推自己的心到他人的心，以感恩的情怀在这个世界上共同建设美好生活。这样的话，对别人的过错你就会像孔子那样不苛刻、不挑剔。孔子曾说过：“过而不改，是谓过矣。”（《论语·卫灵公》）不小心犯了错误赶紧改了，这还好说；错了以后，文过饰非，拼命地掩饰，就是不改正，错上加错，那就真叫错误了。

孔子又说：“（君子）过，则勿惮改。”（《论语·学而》）君子错就错了，千万别怕改。子贡也曾说过：“君子之过也，如日月之食焉：过也，人皆见之；更也，人皆仰之。”（《论语·子张》）君子的过错就好比日月之食：你错了，每个人都看得见；你改了，每个人都仰望着你。你的地位和威望不会因为你的过错而动摇，只要你改正了，大家照样尊敬你。

由对自己的忠推及对他人的恕，有时候仅仅在一念之间，需要我们用心去把握。我们说，与他人一份情怀，与自己一份方便；给世界一份温暖，给自己一份宽和。

与他人一份情怀，与自己一份方便；给世界一份温暖，给自己一份宽和。
——于丹心语

有一个阿拉伯故事说，两个朋友出门做生意，他们要经过广阔无垠的沙漠、石滩。有一天，两人争执起来了，一个人愤怒地打了另一个人。被打的这个人很郁闷，就在流沙上写了一行字："今天我的朋友打了我。"

两个人又往前走。到了深更半夜，暴风夹着流沙吹来了，他的朋友先醒了，赶紧推醒他说："咱俩赶紧逃生。"两个人跑到了一个温暖安全的地方，躲在一块大石头后面。这个人拿出小刀，在石头上刻了一句话："今天我的朋友救了我。"

他的朋友很奇怪，说："我打你的时候你怎么写在沙子上，我叫了你这么一声你怎么就刻在石头上了？"

这个人说，在这个世界上，我们难免受到伤害，被伤害了就要宣泄一下，不过要写在沙子上，反正风一过，流沙就平了。这些伤害最好被遗忘。但是，别人对你的好，要铭刻在心，刻在石头上，它就永远留在心里。

这个世界上，有过伤害，但也有过很多恩典，我们要以什么样的心去分别面对呢？就看你把哪些写在流沙上，把哪些刻在石头上。

有些人的一生用来铭刻仇恨，所以他很难得到幸福；有些人的一生用来铭刻幸福，所以他的生命充满感恩。

把你的不快、你受到的伤害，写在流沙之上，当作你的宣泄。这样做，难吗？其实不难，就在于你心中的忠恕，在于一念之间。

禅宗有一个故事。有一位老僧在打坐的时候，进来了一个武士。这个武士长途跋涉而来，想要知道天堂和地狱到底在哪里。

他一进来就喊道："老和尚，你告诉我，天堂和地狱到底在哪儿？你睁开眼，赶紧回答我！"

老僧睁开眼睛看了看他，说："你这样一个人，衣衫不整，如此傲慢，如此粗鲁，还配来问这样的问题？"

武士急了，拿出自己的武器，上来要打老僧，手刚刚举起来，老僧告诉他说："明白吗？这就是地狱。"

这个时候，武士突然明白了。他的手停在半空中，看着这个老僧，脸上露出惭愧之色。

这时候，老僧又静静地告诉他说："现在就是天堂了。"

天堂和地狱，就在一念间。

天堂和地狱，就在一念间。
——于丹心语

我们想想，天堂和地狱作为一种象征，都隐藏在你的生命里，就看你自己用什么样的方式表露出来。你有忠恕之心，行走于世界之上，也许就会有更多天堂的日子。反之，如果你怨恨，你苛刻，很难想象你能亲近天堂。

忠恕这样的道理，孔夫子在两千多年前就一以贯之地实践过。忠恕，简单来说，就是忠诚于自己，善待他人。以这样的心生活在这个社会，不管这个世界如何纷乱，如何迷茫，我们每一个人都会活得自在一些。

忠恕，简单来说，就是忠诚于自己，善待他人。
——于丹心语

这样的一生，相信就把握在我们自己手里，因为有我们的一颗心在。

仁爱之道

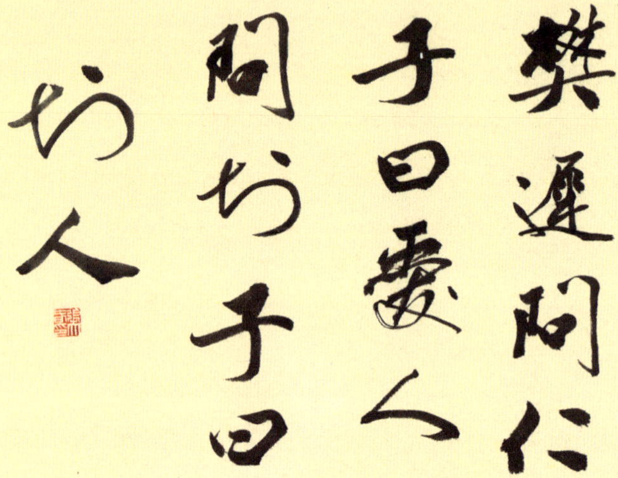

不足一万六千字的《论语》翻下来，“仁”这一个字前后被提到有一百〇九处。

可以说，仁爱的思想是儒家哲学里基石下的基石，重点中的重点。

那么，究竟什么是仁爱呢？我们怎样去获得仁爱？仁爱，又有着怎样的力量？

不足一万六千字的《论语》翻下来，“仁”这一个字前后被提到有一百〇九处。可以说，仁爱的思想是儒家哲学里基石下的基石，重点中的重点。那么究竟什么是仁爱呢？

说起来很简单，学生问老师孔子：“什么是仁？”老师只回答两个字：“爱人。”

> 仁者爱人，就是用一种发自内心的善意去对人好。
>
> ——于丹心语

仁者爱人，就是用一种发自内心的善意去对人好。

“仁”这个字就四画，单立人加一个二，所以有种说法叫作“二人成仁”。什么意思呢？就是仁爱从来不是一个单人的状态、一个自我的状态，孤独的、自我的、封闭的环境下是谈不到仁爱的，仁爱一定是你旁边还有别人，只有在人和人的关系中才能看出是否有仁爱。

一个有仁爱之心的人，就算在他身边的只是一个路人，他的脸色也是温和的，有一种暖意。如果他心中没有仁爱，就算是面对他的父母和孩子，他也经常会跟亲人发生冲突，甚至开口就骂，举手就打。

二人成仁，有仁爱之心，一定会流露在跟别人的态度上。

我想，仁爱首先是一种人格情怀，它应该表现为一种高风亮节，一种胸怀大志的气度。

我们这里说的仁爱，不是妇人之仁，不是那些小恩小爱，而是一种深刻、博雅、有使命、有担当的远大情怀。

曾子曾经说过："士不可以不弘毅，任重而道远。仁以为己任，不亦重乎？死而后已，不亦远乎？"（《论语·泰伯》）作为知识分子，他不可以不刚强而有毅力，因为他肩上的责任太重了，道路太远了。

这个责任是什么呢？就是"仁以为己任"。将实现仁爱于天下作为一个人的生命担当，这还不够重吗？那要做多久呢？"死而后已，不亦远乎"，一息尚存你就要这样做下去，一直到死才算结束，这条路难道还不漫长吗？

以仁爱作为使命，一个人可以完成天下仁爱的担承，实际上这就是中国知识分子的出发点。

子曰："志士仁人，无求生以害仁，有杀身以成仁。"
——《论语·卫灵公》

孔子说："志士仁人，无求生以害仁，有杀身以成仁。"（《论语·卫灵公》）也就是说，仁爱的使命，一代一代传承下来，当落实在一个生命个体的时候，他个人的性命都是不重要的。这样一种博大的仁爱是他最重的使命，在必要的关头他可以杀身以成仁。

我们读古典诗词，经常会读到"捐躯赴国难，视死忽如归”（曹植《白马篇》）这样的句子。也就是说，需要我去大济苍生的时候，我可以舍弃生命，可以做到慷慨赴死，因为那是一种壮烈的死。

当一个人的生命被历史选中的时候，他可以有这样一种大无畏的气概。中国的文人经常写到沙场，写到边塞，表达这种身负重任而无所畏惧的气概。一个人可以在刀光剑影中勇赴国难，这个时候他的生命就会焕发出动人的光彩。这是中国文人的一种精神，也是儒家的一种典型态度。也就是说，仁爱的情怀与使命高于一切。

仁爱不仅仅是一种情怀，它也是人格道德的一种终极追求。在这样的追求之中，有仁爱在心，他就不只是一个一般的君子，而是可以临危受命的真正的君子。曾子曾经说过：“可以托六尺之孤，可以寄百里之命，临大节而不可夺也。君子人与？君子人也。”（《论语·泰伯》）六尺之孤，就是指未成年的国君。百里是指方圆百里的国家；百里之命，是指国家的命运。

曾子说，有这样一个人，能够接受三个方面的考验，他就是君子了。哪三个方面？当国家有大难，可以把幼君托付给他，让他陪伴幼君，不仅保护幼君的性命，而且要培养幼君的品德才能，使之能够重整江山大业，这是一个方面；方圆百里的国家在春秋时期已经是大国了，一个大国的国事可以整个委托给他，这是第二个方面；面临生死大关口的时候，这个人不动摇，不屈服，这是第三个方面。这些事情都可以托付的人，这个人算是个君子了吗？曾子斩钉截铁地说，这可真算得上是君子了。

陈传席《苍茫云海间》（局部）

我们经常说，关键时刻能够挺身而出的英雄，他平时一定是有储备的。英雄行为有时候只在一个瞬间，但是考验的却是他平时的人格。仁爱就是这样一种日常的涵养，在生死危难的关口，使人可以有如此无畏的表现。

我们每个人都会遇到突如其来的考验。一个人如何能做到临大事而不乱，最终能够战胜风险，这一定跟他平时的涵养、陶冶相关。

孔子说：“岁寒，然后知松柏之后凋也。”（《论语·子罕》）到了隆冬的天气，你看一看树木的叶子，先是阔叶哗啦啦地掉了，再是比它小一点的叶子掉，最后掉下来的是针叶。

为什么呢？因为在树木中，叶片越大，它对这个世界索取越多，对吧？它需要有沉甸甸的水分、养分，养着一片一片的大叶子，所以到了春夏之际，满目葱茏，阔叶最好看，最风光，最炫目，但是它往往是最先凋落的，因为它需要得太多，它支撑不住自己。比它叶片小点的呢？就随后一点掉落。需求越少，越能挺立枝头，越能顶风冒雪，那就是松柏的叶子，就是我们说的那种针叶，因为就是那么细细的一条叶子。它不需要太多的水分、养分，它不需要索取更多，所以它就能够经得住严冬考验。

为什么中国的文人有“岁寒三友”之说？人们所选择可以象征文人气节的都是这样谦逊的，有自己内在的筋骨，不妥协，但又很平易、简单、索取特少的植物，松柏其实就是这样一个象征物。

人只有经过平时的陶冶，才能够拥有在重大关头经得住考验的气节。首先，仁爱是这样一种大情怀、大胸襟，一种高风亮节，涵养于心。

其次，仁爱也是一种非常具体的行为方式。有了仁爱，这个人举手投足之间都会有所表露，可能在这一方面，也可能在那一方面，点点滴滴，但都以仁爱为根本出发点。

孔子说：“有德者必有言，有言者不必有德。仁者必有勇，勇者不必有仁。”（《论语·宪问》）什么意思呢？第一句话是说，一个真正有道德情怀的人，内心是柔软的、丰富的、强大的、博雅的，那么他一定会有很多相应的言辞表达出来，但是你看，一个语言技巧很好、只会夸夸其谈的人，他不一定有道德。

“仁者必有勇，勇者不必有仁。”也就是说，一个真正有仁爱的人，他知道应该如何去实现生命的价值，当然有真正的君子之勇。他是临危不惧的，他的勇气表现为一种阔大的气象。但是，你看那些匹夫，动不动就拔剑相向表现出自己的“义气”，他可以是勇的，却未必是仁的。

从这些表述可以知道，“仁”是一种人格的基础，但“仁”也是我们平时可以看到的点点滴滴的具体行动。

儒家的经典就是这样发人深省，它既给你一个辽阔的境界，同时也给了你到达那个境界的可行之路，一切都在日常点滴之中。

我们说，《论语》有意思，就有意思在它是课堂笔记，有很多问答，把学生的迷惑和探索都呈现出来了。

学生原宪这样问孔子：“克、伐、怨、欲不行焉，可以为仁矣？”（《论语·宪问》）什么意思呢？克，表现为一个人好胜、争强，老想超过别人，就是有好胜之心。伐，就是夸口，夸夸其谈，总在那儿说。怨，就是嗔怨，心中有不平事，表现出一种嗔怪、埋怨，总觉得别人不好，世界不公。欲，就是我们内心的贪欲，所谓欲壑难平，自己的欲望太多。学生说，这四样东西都是不好的，如果一个人能把好胜、自夸、怨恨和贪心这四种毛病全都给戒掉了，那他算不算做到仁了呢？

实际上，这样做很难，这个标准已经很高了，但是孔子淡淡地回答说：“可以为难矣，仁则吾不知也。”（《论语·宪问》）孔子说：“要是这些都做到了，我觉得真不容易，可以说是难能可贵了，至于这是不是就达到了仁的标准，我还是不敢说。”

从这样的说法来看，我们会觉得，“仁”好像离我们挺远的，平常人认为不容易做到的事都做到了，为什么还没达到仁呢？

我们知道，仁无非就是我们跟世界相处的一种状态，它从我们的行为上表现出来了，你克制自己不好的地方，你的心就会平和下来，一旦平和了，仁爱就会流露。

你克制自己不好的地方，你的心就会平和下来，一旦平和了，仁爱就会流露。
——于丹心语

当一个人过分以自我为中心的时候，他又好胜，又夸口，又对别人有那么多埋怨，自己还欲壑难平，他怎么可能去爱别人呢？所以，把这些东西戒掉，首先是让人放低自己的姿态，然后才有可能与人和谐相处。

放低姿态，对于做到“仁”来讲，是一个最基本的态度，所以孔子的回答会那么谨慎。

有一个故事，说一个村子里面有一个盲人，只要是夜晚出来，他走到哪儿别人都知道，因为他有个习惯，夜晚出门一定要打一盏灯笼。村子里的人都习惯于在黑暗中行走，看见有灯笼就知道这个盲人出来了。

后来，有外地来的人看到这件事，就唏嘘感慨，这个盲人的品德太好了，他自己没有光明黑暗之分，但深更半夜出来，他总要操心别人看得见看不见，总要为别人打一盏灯笼，这个人多高尚啊。

这个盲人听后就淡淡地说：“因为我是瞎子，我不希望别人撞到我，我打灯笼也是为我自己。”

我们想一想，这不就是一个人行走于这个世界的道理吗？打一盏灯笼，客观上是给别人照亮了路，其实主观上也给自己规避了很多风险。

我们谁敢说，在这个世界上，在这个布满了苍茫景象的世界上，我们都是明眼人呢？我们都能洞悉一切事项，规避一切风险吗？有时候为了让别人方便，打着灯笼，别人看见路了，躲开了你，你自己的风险也就没有了。

仁爱是什么？

有时候，仁爱是一种身体力行、点点滴滴的行为，它不仅让别人受益，也会让自己有收获。

实际上，孔子也曾经直截了当地告诉人们怎么做才算做到仁爱。“子张问仁于孔子。孔子曰：‘能行五者于天下为仁矣。’‘请问之。’曰：‘恭宽信敏惠。恭则不侮，宽则得众，信则人任焉，敏则有功，惠则足以使人。’”（《论语·阳货》）

学生子张问孔子：“请老师给我说说怎么能做到仁？”孔子说：“能够处处实行五点品德，你就做到仁了。”子张就问：“老师讲讲是哪五点？”老师说，恭，宽，信，敏，惠。这样五点，我们一一来说。

第一点就是“恭”，为什么要恭呢？孔子说，“恭则不侮”。这句话大有深意。用现代汉语翻译出来，就是一个人对世界、对他人保持毕恭毕敬的态度，那他就不会轻易招致侮辱。我们想想，是不是这个道理？

人人皆有尊严，我们到这个世界来都希望被尊重，不被误解，不被攻击，不会无端地遭受羞辱，但是怎么做到？有两种方式，一种是自尊心过强，甚至表现为敏感多疑，永远都绷着劲儿，只要有人嘀嘀咕咕，他就觉得是说自己呢；只要有人言语中稍微不留神提到什么，他就问，你影射谁呢？这是一种态度。

还有一种态度，就是对所有人都宽和、恭敬。

我们想想，哪种人更容易保有尊严呢？尊严这东西就是这样，你越拿着它，越看着它，它越脆弱，但是你把它放在心里，表达为一种从容谦和的态度，那么它就存在。

真正的“恭”永远与“敬”相连。也就是说，能够对别人恭的人，他是松弛柔软的。打个比方说，去弓箭店买一把弓，就会看到橱窗里最漂亮的良弓，摆在那里。那张弓永远都是拉开的，拉得满满的，撑在那儿，非常漂亮，剩下的那些弓都在墙上一把一把地挂着，不拉开，当然不漂亮。如果有客人说：“老板，我一定要买你橱窗里展示的最好的弓，我就要那个样品，因为就它漂亮，它一直绷在那儿，处在最饱满的状态；那些挂在墙上疲疲沓沓的弓，我不要。”

负责任的老板会悄悄告诉这个人：“你别要那个样品了，它天天那么绷着，你真买回去一拉，它顶多能射出四十米；墙上那些弓都很松弛，都那么养着，你用同样那么大力气，它可以射出九十米。”为什么？因为它不老绷着。

我们的生命也是一样，有些人生来就强烈地需要别人的尊重，老要绷出一副完美的姿态，有时候就表现得太有攻击性。这样的人反而容易招致一些攻击，甚至是羞辱，因为他过于挑剔、过于紧张。

我们想想，你走出家门的时候，你在工作团队里，你在对客户的关系上，不能过于紧张，就是你在家里，也不能老紧绷着。比如劳累了一天，晚上进家门，或者是妈妈，或者是太太，在厨房炒菜，看见你回来了，高高兴兴端上一盘菜说："你尝尝今天这菜怎么样？"你可能是很挑剔的人，吃了一口就很不高兴，说："今天这个菜怎么这么咸啊，打死卖盐的了？"你妈妈或太太心里不就咯噔一下？可能她忍住了，端出第二盘菜说："那你尝尝这个。"你又吃一口说："今天这菜炒老了，以后等我进门再炒，别闷在锅里。"这会儿她想端第三盘菜，你瞟一眼就说："这俩菜怎么搭配在一起？这两个不对，炒错了。"

你对每一盘菜都这么挑剔，那么脾气再好的人，就算是你的亲人，最后也只有把围裙一丢，躲起来了，这顿饭你就别吃了。我们想想，这样紧绷着的人，能换来别人对自己的尊重吗？

什么叫"恭则不侮"？凡人凡事，没有功劳还有苦劳，尊重一点别人的辛苦，就会赢来一个很好的局面。同样是这样一餐不完美的饭，如果你进门高高兴兴招呼老人和孩子，一起来吃，说闻见香味了，大家赶紧上桌，其实大家可以吃得很快乐。

他人的面容永远是我们表情的一面镜子。你和颜悦色，别人对你就笑语春风；你怒目相向，别人对你就怨气冲冲。

——于丹心语

我们对世界的态度，也促成了世界对我们的态度。他人的面容永远是我们表情的一面镜子。你和颜悦色，别人对你就笑语春风；你怒目相向，别人对你就怨气冲冲，所以我们想得到善的待遇，就先要以恭敬之心去面对他人。这就叫"恭则不侮"，这是孔子说的第一点。

第二点叫"宽则得众"。恭敬之心，自然会带来宽和的态度。宽可不容易啊，禅诗里面有一句说得好，叫"眼内有尘三界窄，心头无事一床宽"，眼睛要是被一点尘埃蒙住了，你会觉得在人世间活得很郁闷，但心头要是没有事，坐在一张床上也能觉得天宽地阔。所以，宽与窄跟你现在住的房子是六十平方米还是二百平方米关系不是太大，跟你怎么看待生活则关系很大。

你怎么来对待这个世界呢？同样的生活，不同的解释，境界就大不一样。

同样的生活，不同的解释，境界就大不一样。
——于丹心语

有一个故事很有意思，说有一个小镇，德高望重的智者坐在村口，来来往往的人都在跟他打听寻找同样的目标。什么目标呢？就是寻找世界上最好的居住地。

先过来一个人说："我想问问你们小镇适不适合我居住。我原来那个小镇不好，镇上的人都很自私、很狭隘，每一个人都飞短流长，他们都不完美，人人都有缺点。我在那里有无数的磕磕碰碰，周围全都是仇人。我已经住得特别不耐烦了，所以我一定要找一个特别美好的地方，那里的每一个人都是道德君子。"

老人听了听，说："对不起，我们这镇上住的人跟你原来那地方的人一样，你接着往前找吧。"这个人很失望，又急匆匆往前去找。

第二个人过来了，说："我在找一个最好的小镇。我原来那个镇就特好，但我不得已要搬出来。我很怀念原来那个地方，那个镇上的人都温柔善良，大家都很朴实，互相来往。我在那儿，人缘一直都很好，但是现在不得已离开了，我心里面充满眷恋。我就想还找一个那样的地方。"

这老人说："那你找对了，我们镇上的人跟你原来镇上的人一样，你就住这儿吧。"

同一个镇子，老人的答案不一样，说明了什么呢？老人是针对寻找的人的不同来分别回答的。你心地善良，所见无不是善人；你心胸狭窄，那么所见也就无不是恶徒了。

一个心宽的人，看到的世界一定是宽阔的境界；而一个小心眼儿的人，看到的世界一定是狭窄的天地。

比如说，大家一起出去玩儿，到一个旅游点，总会有人觉得这个地方好得不得了，也总会有人觉得这儿差得不得了。同样一个地方，评价会完全不同，这就是宽与不宽。

我曾经在一本女性杂志上看见一篇特别好的文章，叫《上帝开着一间美容店》。文章说，女人都怕衰老，都希望自己漂亮，希望青春常驻。告诉你一个秘密，漂亮不漂亮就看你去没去过上帝的美容店。

上帝的美容店管什么呢？它不管这个女人穿的衣服是不是很昂贵，但是它让她一定衣着得体；也不管这个女人是不是长得很漂亮，但是它让她脸上经常有微笑，让她待人一定是温和的、优雅的、谦恭的。这个美容店，既给人美容，又教人礼仪。

这篇文章最后说，这家上帝的美容店，如果你去得多了，久而久之你就会是一个青春不老的女人。这个说法其实也在印证一个道理，就是你对别人宽和，你会换来世界给你的一个回馈。这个回馈是什么呢？到处都会有朋友，大家都会喜欢你，这就叫作“宽则得众”。也就是说，你所经过的每一座小镇，都是你可以留下来的地方。

“恭”和“宽”指的是人的修养，那么仅仅有修养就能够在世界上安身立命吗？我们还得有职业生涯，所以孔子说的第三点叫“信”。

孔子说，“信则人任焉”。就是谁有信用，就会得到更多的任用。用今天的话说，你的职业生涯就宽，老有人给你机会。

我自己在大学教书十几年，对此感受很深。经常有往届的学生回来跟老师聊天，说自己现在在外面的发展，我就很惊讶地发现，现在发展得最好的那些学生、后劲儿最大的学生，往往不是当年的专业尖子。

在大学四年里面，甚至研究生三年里面，一直拿奖学金，排在第一、第二的孩子，一到单位就容易跟人不融合，为什么？恃才傲物啊，觉得我当年是保送上的研究生，你凭什么分配我跟本科生干一样的活啊？不重视我，我就跳槽了。就这样，他可能老跳槽，那么也就无法踏踏实实干好一件工作。

有些学生资质平平，但是为人笃诚守信，他到一个地方就能守住信誉，给一件事就做好，扎扎实实，一步一个脚印，领导就不断给他机会。这样的话，一路走下来，两年三年，也许看不出来，但五年十年，你就会发现，他越干越好。这说明了什么呢？这说明，诚信人品比专业技术要重要得多。这叫“信则人任焉”。

我们知道，学生在走出大学校门的时候，有一部分专业知识就已经过时了，专业知识是需要不断更新的，人品和信誉则永远是人格的基石。

那么，是不是守信誉、笃诚、敬业、苦干、实干就够了？不行，还要有智慧。这就是孔子说的第四点，叫作

"敏则有功"。这句话说得很简单，谁敏锐、敏捷，谁就能够建功立业。

美国曾经有一个穷困潦倒的画家，他到最贫困的时候，已经连买油漆、画布、彩色颜料的钱都没有了，只能靠在街上给人画广告谋生。后来他流落到堪萨斯州，在一座教堂里面给人修补壁画。这个时候，他已经惨到晚上只能住在一个破败的车库里。

那车库里面有一只小耗子。这只小耗子经常吱吱呀呀地在他身边跑来跑去，他很孤独，所以觉得小耗子也是挺好的朋友。

就在这个时候，有一个偶然的机遇就落在他身上。恰好好莱坞要推一部动画片，寻找主创的设计师找到了他。

他就画啊画啊，画了四五稿都推翻了。晚上，他坐在车库里面，咬着画笔，盯着画纸，觉得已经走到穷途末路的时候，那只小老鼠又蹲在他的画案上，两只小眼睛亮晶晶地看着他。他看着这只小耗子，脑子里面突然跳出一个造型，落在笔下，这就是米老鼠。

这个画家，就是后来大名鼎鼎的迪士尼先生。

车库里的一只小耗子成就了这么一位大师，成就了米老鼠这个经典的卡通形象。"敏"是什么？"敏"就是能够抓住无所不在的机遇。

"敏"就是能够抓住无所不在的机遇。
——于丹心语

"敏"不仅仅是表现在这样一种敏锐、敏捷上，还表现在一个人对自己生命的自省、对环境的观察上，能够防微杜渐。

有些人有时候对变故和风险都能先有知觉，但是也有很多人不敏锐，对变化一无所知。我们知道，很多事情就酝酿在那种渐变之中，先兆往往令人难以察觉。

美国康奈尔大学做过一个著名的实验，就是把反应极其敏捷的青蛙啪的一下扔进一个滚油锅里。这只青蛙能敏捷到什么程度？啪一跳，它就能从油锅里面迅速跳出逃生，不被烫死。

但是，如果把它放在冷水锅里，和它平时待的河水是一样的温度，然后慢慢加温，这只青蛙就在里面待着，毫无知觉。等到变成一锅热水的时候，它已经浑身瘫软没有什么行动能力了；等到成了一锅滚水的时候，这只青蛙就会烫死在里面。

这个实验启发我们，人的“敏”不能仅仅反映在瞬间的应变上，还应该表现在防微杜渐上，对整个日常生活的觉醒之中。

能够一生都保持着这样一种敏感的人，对瞬间的、日常的生活都能保持敏捷的反应，“敏则有功”，他是能够建功立业的。

第五点，叫作“惠”。孔子说，“惠则足以使人”。这句话很像是说给团队领导听的，就是说用宽惠之心面对你所有的下属，你才使唤得动别人。简单来说，就是不但在精神价值上肯定下属，还能在物质利益上与他们分享，那你就能够得忠臣死士。

大家知道，春秋时期楚庄王在位时，楚国国力鼎盛。有一次，楚国王宫中欢歌艳舞的时候，突然间一阵风吹过，火烛全熄。一片黑暗之中，楚庄王听见有一个美人尖叫了一下。

他问怎么了。这个美人说:“大臣里面有人调戏我,不过不要紧,我已经把他的帽带子给揪断了,大王只要点上火烛,看谁的帽带子断了,就知道是谁了。”楚庄王没着急点火烛,他让在场的臣子都把帽带子扯断,之后才点上火烛。这样,没有人受到惩罚。

接下来,晋楚两国打起仗来了,在楚国命运面临威胁的时候,有一名臣子拼死战斗,非常英勇,最后使楚国大胜。

楚庄王很奇怪,问这名臣子:“我平日里没有给你特别的恩典,你怎么如此出死力呢?”他回答说:“我就是那天晚上被美人扯断帽带子的人,当日醉酒失礼,其罪当死,得到大王的宽恕,所以我愿肝脑涂地以报答大王。”

什么叫宽惠之心呢?有时候,你从大局出发,不计较属下的小过,你就会得到更多的拥护。有这样一种心态,你就能够得到一个团队真正的尊重。“惠则足以使人”,有恩惠之心,你就能够带得起这个团队来。

孔子说,恭、宽、信、敏、惠,这五点如果都做得到的话,“仁”就基本上可以做得到了。“仁”真的很难吗?不难。它有时候就是一种行为方式,而这种行为方式会给我们的生活带来一些改变。

子曰:“不仁者不可以久处约,不可以长处乐。仁者安仁,知者利仁。”

——《论语 · 里仁》

一个真正有仁爱之心的人,他可以以此安身立命,所以孔子说:“不仁者不可以久处约,不可以长处乐。仁者安仁,知者利仁。”(《论语·里仁》)“约”是指穷困的状态、贫贱的状态。孔子说,一个不仁爱的人不可以长久地居于贫困中。心里没有仁爱的人，让他长期生活在困顿里，他是待不长的。他内心会烦躁，会看轻自己，会游移，会找不到自己的归属。

但是，如果给他一个很富足安乐的日子，那么应该就很好了吧？孔子接下来的话更大有深意。孔子说，不仁的人也不可以长久地居于安乐中。你真给他一个富贵安康的生活，时间长了也会出事。比如说现在，为什么出现那么多腐败的高级干部啊？这些人算是“长处乐”了吧？也就是说，不仁爱的人给他一个好环境，最后也会腐化堕落，出现危险。

一个缺乏仁爱之心的人，你让他长期穷困不行，你让他长期安乐也不行，那么有了仁有什么好呢？孔子是这样看的：“仁者安仁，知（智）者利仁。”也就是说，仁爱的人他的心就安顿在仁爱之中了，实行仁德他就心安，不实行仁德他就心不安；而那些有智慧的人呢，知道仁德对他有长远而巨大的利益，他便实行仁德了。

孟子曾经说过：“贫贱不能移，富贵不能淫，威武不能屈，此之谓大丈夫也。”（《孟子·滕文公下》）也就是说，能够“久处约”，也能够“长处乐”，内心安宁坦然，有仁爱做根本，行走于世界，这就是真正的大丈夫。

所以，从孔子到孟子，都告诉我们，仁爱可以作为一个人的安身立命之本。

有了仁爱，你才知道怎么跟人打交道。孔子说：“唯仁者能好人，能恶人。”（《论语·里仁》）一个人有了仁爱，并不是要去做好好先生，而是只有这样，他才能够分出来谁是真正的好人，谁是真正的恶人。仁者的是非判断是明确无误的，只有他才能喜欢谁，厌恶谁。

孔子还说过：“乡原，德之贼也。”(《论语·阳货》)“乡原”，就是指那些没有是非观念的好好先生。谁都不得罪，你觉得这种人好吗？孔子说，这才是“德之贼”，是败坏道德的人。就是因为有这些经常和稀泥、没有是非标准的人，才纵容了不好事情的发生。

真正的仁爱一定是有原则的，一定是是非恩怨都分明的，所以能够疾恶如仇的人才是心中有大仁爱的人。

——于丹心语

我们不要以为孔子提倡中庸之道、提倡宽容善良就是毫无节制。真正的仁爱一定是有原则的，一定是是非恩怨都分明的，所以能够疾恶如仇的人才是心中有大仁爱的人。这就是有是非的人，这就叫“能好人，能恶人”。有仁爱在心，一个人就不会被表面现象所蒙蔽，而是爱憎分明。

有一次，孔子与学生谈论谁才是刚毅的人。“子曰：‘吾未见刚者。’或对曰：‘申枨。’子曰：‘枨也欲，焉得刚？’”(《论语·公冶长》)

孔子说：“我还真没见过刚毅不屈的人。”有一个学生回答：“申枨就是这样的人。”孔子就反问了一句：“申枨有太多的欲望，他怎么能做到刚毅不屈？”

当一个人在这个世界上贪婪索取的时候，他能有刚毅的人格吗？我们知道一个说法，叫“无欲则刚”。当你没有那么多的欲求，当你不像那么多人要讨更多满足的时候，你的生命才真正强大。当你想着我这个地方要有什么，那个地方要有什么，总在周旋于各种社会关系的时候，总在谄媚阿谀的时候，你哪里有刚毅可言？

仁爱是让一个人可以成就阔大气象的根本依托，那么这样的东西是怎么得来的呢？

《论语》告诉我们，它是可以通过学习得到的。

孔子和他的学生随时随地都可以讲问传授人生的道理。“樊迟从游于舞雩之下，曰：‘敢问崇德，修慝，辨惑。’子曰：‘善哉问！先事后得，非崇德与？攻其恶，无攻人之恶，非修慝与？一朝之忿，忘其身，以及其亲，非惑与？’”（《论语·颜渊》）

樊迟跟着老师游于舞雩台下面，大家聊怎么提升个人修养。樊迟问了三件事，第一件事是“崇德”，怎么样提高自己的道德修养境界。第二件事是“修慝”，怎么样修正自己的邪恶之心。第三件事是“辨惑”，怎么样能够给人一双慧眼，让人去伪存真，于迷惑之中有所分辨。

这三件事很难，所以老师感慨，问得好啊。他用了三个反问句，来点拨樊迟。

首先，孔子说：“先事后得，非崇德与？”一个人，遇到任何一件事，都好好地先去做事，把它做到位，做完美了，然后再去考虑自己的名誉、报酬，这叫先事而后得。所有的事你都先尽心去做，然后再想你的所得，这样不就提高自己的道德境界了吗？

这个道理很简单，我们都会用得上。是不是？

孔子又回答第二个问题，怎样做到“修慝”？慝，就是奸邪的意思；修慝就是克服邪念、改正错误。老师说：“攻其恶，无攻人之恶，非修慝与？”这话说得更朴素。

“攻其恶”，就是指你自己那些不好的地方，缺点啊，短处啊，你自己认认真真地把它们改掉。但是，在改正过程中你就要时刻反省自己的缺点，别老盯着别人的毛病，“无攻人之恶”，别指指点点说，你看他还不如我呢，他比我干得更差劲。领导一批评，就在那儿嘀咕，你凭什么处分我，那谁还不如我呢。这可不好。孔子说，你先别管别人的缺点，你先改好自己。其实，这就是“见贤思齐焉，见不贤而内自省也”（《论语·里仁》），看见贤人，就作为自己的榜样，但别跟那不贤的人比谁更贤。如果能做到这一点，这不就改正了自己的缺点吗？

最后说第三点，“辨惑”。人为什么会迷惑啊？跟人们一时火起、丧失理性是很有关系的。所以孔子说：“一朝之忿，忘其身，以及其亲，非惑与？”他没告诉你怎么辨惑，他先告诉你什么是惑，就是人们出于一时之愤，突然之间火冒三丈，这个时候他是没理性可言的，他连自己是谁都忘了，这个时候觉得性命也可以不要了，为一个误会就可能大打出手。这个时候，按民间的说法，就叫昏了头了，迷了窍了。在火成这样的时候，也不想想自己家里上有老母，下有幼子，就大打出手了，这样做，不仅是忘其身，而且还会连累到自己的亲人，这不就是迷惑吗？

我们想想，一个人如果心里一直有理性的是非判断，就不至于出现这种冲动。所以你看，孔子教的课程很有意思，“子以四教：文，行，忠，信”（《论语·述而》）。孔子用四种内容教育学生：历代文献，社会生活的实践，对待别人的忠心，与人交际的信实。在这里，他就是用平时生活中做人的道理回答学生的疑问，点点滴滴，潜移默化，告诉你怎么样去修养一个君子之德。我们说，人们其实可以从点点滴滴中学到仁的品质。

孔子的学生子夏说："博学而笃志，切问而近思，仁在其中矣。"（《论语·子张》）这个学生算是得老师真传了，真明白了。他说，广泛地学习，坚定自己的志向，恳切地发问，而且问的问题别好高骛远，多问一些跟身边生活有关系的事，那么仁德就在这中间了。

子夏曰："博学而笃志，切问而近思，仁在其中矣。"
——《论语·子张》

也就是说，一个人学习的范围要博大，情怀要宽广，但是思考与行动一定要跟当前现实的问题有关，点点滴滴，朴朴实实。如果把学习、志趣和现实问题结合在一起的话，仁就可以实现了。这是一种远大志向跟朴素行为的结合。

子夏的阐述多好啊！所以我们说，仁爱是可以通过学习而得到提升的一种修养。

我们说，仁爱是一个人发自内心的力量。它能影响别人，也能影响自己。

我们也知道，它可以通过学习得来。

那么，仁爱会给我们自身带来什么呢？

仁爱最终会给我们的生命带来温和、雍容、大气的状态。每个人终其一生，可以点点滴滴地穿越，终究会达到这种状态。

就拿孔子来说，在我们的印象里，他似乎是一个奔走天下、很辛苦操劳的人。但是，他平时的真实状态呢？"子之燕居，申申如也，夭夭如也。"（《论语·述而》）燕居，指家居的时候，一个人闲待着的时候；申申如也，指一个人的容貌是整洁的；夭夭如也，指行动是从容的、舒缓的。孔子闲居在家的时候，容貌整洁，行动温和舒缓，悠闲自在。

你看看，这是一种文雅温和的姿态。孔子平时就是这样的，并不像我们想的那样，永远都是匆忙的、奔波的。由于他是一个恭敬的人，一个宽和的人，他才会带着这样的从容之态。

孔子经常带学生出去，大家一边看风景，一边聊着天，有时候会出现一些有意思的情节。

有一次，孔子带着子路他们走在春天的山谷里，忽然见着几只野鸡。孔子的神色动了一下，野鸡很提防，唰啦啦地飞起来了，在天空盘旋，一会儿觉得人们好像没有什么恶意，又都唰啦啦地落下来了，停在一处。

孔子指着它们说："山梁雌雉，时哉！时哉！"（《论语·乡党》）你看山上这些野鸡，它们都得其时啊，能自由飞翔，自由落下。它们是欢欣的，它们的生命是融合在这个季节里的。

子路更可爱，就像对朋友一样，对它们拱拱手。这些野鸡，又振振翅膀，唰啦啦地飞走了。

这只是《论语》里一个小小的情节描述，但是这样的描述不让我们感觉到欢欣吗？真正的仁人志士，不是那种从书斋到办公室，看起来像是担当天下的重责，永远铁青着脸，穿着职业装的人。

真正有仁爱的人，他热爱山川河流，热爱四时风物，热爱跟别人在一起的欢乐时光。

——于丹心语

真正有仁爱的人，内心一定有他的亲人，有他的朋友。他热爱山川河流，热爱四时风物，热爱跟别人在一起的欢乐时光，而他那种柔软的情怀，可以无所不在，去感染所有的人。

这样的情怀，也会表现在他的面貌上。孔子看上去是一个什么样的人呢？学生说，“子温而厉，威而不猛，恭而安”（《论语·述而》）。你看，孔子的面容，永远都是温良的，但是他的内心呢？有他的严厉在。你看他，不怒而威，这个人自有他的威严，但是，他不会对人有攻击性。他对人很恭敬，他的恭敬来自内心的安宁。

你看一个人，他的仪态、举止都透露出这样一种内心的力量，流露出从容气度，这样的状态难道不美好吗？

也许，我们不是每个人都能面临着三军可夺帅、匹夫不可夺志那样的一些大节关头。但是，我们每个人都面对着生命的流逝，在时光流逝之中，我们难免会感伤，我们每个人都可能被这个世界所改变。所以，生存在这个世界上，我们都要对生命保持一种谨慎、一种尊重，不断完善它。

在这个世界上，我们都要对生命保持一种谨慎、一种尊重，不断完善它。

——于丹心语

有一个很简单的理论，叫破窗理论。如果两辆车摆在同一个车库，一模一样，同一天出厂，但有一辆车的窗户被打破了，那你过十天、二十天、一个月、三个月，你去看吧，那个破了窗户的车就越来越破，老有人把别的地儿弄坏，不是车门给磕了，就是轮胎被刺了，而好车会一直是好的。

破窗户理论说的是什么呢？就是指人们行为的一种指向性。人们会觉得破了的东西会越来越破下去，而好的东西会一直保持完好。仁爱是什么呢？仁爱是我们在这个世界上所需要保持的一种良好状态。如果不小心把哪儿磕碰坏了，那就得赶紧补起来，不要让自己的生命中留着一扇破窗户。留着破窗户，就会破罐子破摔，就会越来越破。

仁爱是带在人们身上一成不变的品德吗？是不是一旦有了仁爱，就万事大吉了呢？

不是这样的。仁爱是一种不断的积累，它需要我们自身的时时呵护。人在生命流光的陶冶之下，如何时时呵护仁爱，会决定我们跟世界之间建立什么样的关系。

子在川上，曰："逝者如斯夫！不舍昼夜。"
——《论语·子罕》

孔子有时也很伤感啊："子在川上，曰：'逝者如斯夫！不舍昼夜。'"（《论语·子罕》）我们谁能逃得过年华的流逝？朱熹在《论语集注》里说："天地之化，往者过，来者续，无一息之停，乃道体之本然也。然其可指而易见者，莫如川流。故于此发以示人，欲学者时时省察，而无毫发之间断也。"

朱熹说，为什么孔子要说"逝者如斯夫！不舍昼夜"呢？就是用天地自然不停的变化来比喻人生，人生那些过往的已经过去了，而新来的又过来了，没有一刻停过，这是道体的本来面貌啊；孔子用河水奔流来比喻它，非常明白，就是要提醒人们要时时省察，不可间断。这就像李白所说："弃我去者，昨日之日不可留，乱我心者，今日之日多烦忧。"（李白《宣州谢朓楼饯别校书叔云》）我们总是这样迎来送往，活在似水流年之中，那我们以什么样的态度去面对呢？

孔子曾经跟子路说："别人问你老师是什么人，你为什么不告诉他，说我是一个发愤忘食、乐而忘忧、不知老之将至的人呢？"我在我该做的事情上发愤努力，连吃饭都可以忘掉，但是我的生命状态是乐而忘忧的。人为什么老让那么多忧思缭绕萦回于心呢？人不能活得快乐从容一点吗？如果快乐从容地面对似水年华，那我是不晓得衰老会要到来的。

当然，在今天，我们都有严格的上班时间，有自己的职业生活，不能像孔子那样满世界游学，又怎么能做到他那样乐而忘忧呢？

孔子又有这样一句话："知之者不如好之者，好之者不如乐之者。"（《论语·雍也》）也就是说，我们这一辈子总要选择做点事，但是这里面有三个不同的层次。你可以看看自己在哪个层次上。

首先是"知之者"，对你的职业、行业，你有了解。这容易，现在去读一个专业，拿一个文凭，考一个资格证，这都算"知之者"。这是第一级，你能掌握技能。

比这高一个层次的叫"好之者"，就是你真正热爱它，你愿意把自己的生命投入其中，你愿意废寝忘食，把自己连工作之外的休闲时间也都投入进去。这样的人呢，固然在这个事业中可以完整地去实现自己，但是这种投入未免太过沉重。你可能会忘记这个世界的风花雪月，你可能牺牲了很多跟家人共度的时光。这个境界还不是最高的。

最高的境界，叫"乐之者"，就是在这样的一个事业投入过程之中，你感觉到生命被提升的大欢乐。也就是在这里面，你的心是舒展的，你是被成全的。你享受这个过程，你不仅创造事业，而且创造自己。

其实，一提到仁爱，不是说我们就要去杀身成仁。那只是指极端状况之下的选择。在这个世界上，如果苦难没有来临，人没必要刻意去寻找；但是在苦难来临的时候，人可以坦然不畏惧。

在我们的日常生活里，仁爱之心就是让我们拥有这样一种跟世界的关系，既不是对抗，也不是妥协，而是让自己跟世界融洽在一起。

就像那个著名的寓言，同样的一锅沸水，你投进去三样东西会产生三种不同的结果。扔进去一个生鸡蛋，鸡蛋里面是流质的，煮啊煮啊，捞出来，最后生鸡蛋变成硬的了。这是一种状态，柔软的心被世界磨砺得粗糙僵硬，最后变得毫无知觉，很迟钝了。

第二种，是把一根坚硬的胡萝卜扔进去，煮啊煮啊，最后捞出来的是软沓沓的熟萝卜。这是第二种状态，人心原来是刚强的、青涩的、有梦想的，最后妥协了，化在热水里，失去自我了。

第三种，是把茶叶投进去，茶叶在滚水之中煮啊煮啊，最后水也不是水了，茶叶也不是茶叶了，而成了一锅茶水，你跟世界之间生成一种全新的价值。

仁爱就是改变我们生命的状态，以欢乐的信念去面对世界，在世界跟自我之间建立一种和谐的关系。

——于丹心语

什么是仁爱呢？仁爱就是改变我们生命的状态，以欢乐的信念去面对世界，在世界跟自我之间建立一种和谐的关系。需要为社会、为国家去承担使命的时候，临大节而不亏；而在生活常态之中则保持我们的欢愉。这样的态度，我们每个人都应能做到。

孔子曾经说："仁远乎哉？我欲仁，斯仁至矣。"（《论语·述而》）他说："仁爱离我远吗？我想要做到仁爱的时候，念头一动，仁爱就来到我的心中了，我的心中就被仁爱充满了。”

这样一句话是孔子越过两千多年的流光说给我们这些后人听的。我希望，就在今天，就在此刻，让我们每一颗心对自己说：“仁远乎哉？我欲仁，斯仁至矣。”

当你真正相信了这件事的时候，仁爱就在这一刻来到我们生命之中；我们被仁爱充满，我们自己跟这个世界就会变得更好。

附录一

本色于丹

张越：观众朋友们好，欢迎大家光临《百家讲坛》。今天我们将对话于丹。欢迎于丹教授。

于丹：你好，张越。

张越：你好。去年春节你就在这儿开讲《〈庄子〉心得》?

于丹：对。

张越：事隔一年，今年春节再开讲《〈论语〉感悟》。和去年比，你觉得你自己在心情上有什么变化吗?

于丹：变化太大了。其实，这次还不只是和去年春节讲《〈庄子〉心得》相比。这次还是在讲《论语》的解读嘛，那跟2006年10月播出的《〈论语〉心得》相比，心情真的有很大变化了。这次再讲《论语》，当我走进国宏宾馆旋转门的时候，心头百感交集。

第一次讲的时候是什么心情呢？我给你讲一个故事吧。我曾经看到一个故事说，大概在二百多年前，有一个数学系的大学生，不到二十岁的小伙子，他很聪明，学习也很用功，老师就给他吃偏饭，每天给他多留三道题，让他回去自己做。这孩子就天天习以为常地做题。

有一天，他把三道题做完以后发现书里头还夹着一张小条，也是一道题，只许用直尺和圆规做出一个正十七边形来。他想，这大概是老师多给他留了一道题。他就开始做题。

这道题挺难的，他整整熬了一夜，直到天亮才做出来。他就拿着作业，晃荡晃荡地回学校交卷。他把作业往老师那儿一放，老师一看就开始哆嗦，问他，这题是你自己做出来的吗？

他说，是啊，这题挺难做的，我花了一宿。老师说，这道题是一道两千多年前的题啊，阿基米德没做出来，牛顿也没做出来，我最大的梦想就是这辈子把它做出来，所以我走到哪儿都在书里夹着这张纸条，但我到现在也没做出来。我不小心把它掉到你那儿了，你居然把它做出来了。

老师一说完，这个学生就快被吓哭了。学生说，要是老师告诉我这是一道两千多年来都没做出来的题，那我肯定也做不出来。

这个学生就是后来被称为数学王子的高斯，高斯也是因为这道题而一举成名。

我当然没有高斯那个才华，但是我觉得，当时万卫老师扔给我这张纸条，让我讲《论语》，我确实不知道这是什么样的一道题，不然我肯定不敢拿。我想我第一次开讲，有一半因素是被万卫老师蒙来的。我跟他熟，跟《百家讲坛》也熟，他就跟我说，现在有不少备选的主讲人要来《百家讲坛》讲《论语》，你不是教传媒的吗？以前也老来这儿跟我们聊天，对我们的节目有很多建设性意见，对很多主讲人的讲法都有自己的看法，那你也来录一下，录完后我给有关主讲人看看，我们大家一起商量一下这个东西怎么讲能更有点意思。

我记得当时我从学校就来了，穿着现在到处都能看得见的绿条西服那一身。那是我上班时的衣服，里面穿着一个白背心。我上讲台的时候，导播对我说，你背心上有银色的花，反光。

我说，那怎么办？我没带别的衣服。你看我现在上《百家讲坛》拎的那个包，一般都装着好几身衣服。但是那时候我不知道，没衣服可换，最后大家给我出主意说，你那背心能翻过来穿吗？当时我想，不就是录一个样片吗？《百家讲坛》都是这么录的，先录样片。我也没多想，就把背心反穿了。最后正式播出的《〈论语〉心得》里，我那背心是翻着穿的，把背面穿前面了，因为前面有花。

我一上来开口就说，哗啦啦讲完了一节内容。大家非常鼓励我，我说完之后大家都鼓掌，问，于老师，你下次还来吗？

这时，我就清楚地听见万老师在导播台上说，来，于老师接下来就讲《论语》了。我直到那个时候才算是正式接到通知，让我讲《论语》。

张越：今天现场的叔叔阿姨，有前年"十一"期间在这儿听她讲《〈论语〉心得》的吗？哦，有。阿姨，于丹她现在的样子跟上次比差别大吗？

观众：我觉得还可以。

观众：我觉得于丹老师在这儿讲课肯定跟在大学里讲课不一样。对我们这些老头、老太太来说，于丹老师讲的东西我们听着挺新鲜。现在于老师比原来讲得更成熟、更老练了。

张越：跟您第一次听她讲《论语》比，您觉得她有什么跟以前不一样的地方？

观众：没看出来。

张越：显而易见的一个事实都没看出来啊？一年半以前她脸上没疙瘩，今天脸上可是起疙瘩了。

于丹：对。

张越：这说明了什么？不是说明中央电视台的化妆品不好，而是说明于丹老师精神压力很大，休息不够，是不是？

于丹：对，有这个原因。

张越：是不是这次再讲《论语》比上次的压力大得多了？

于丹：这一次，用《论语》里的一句话说，叫“临事而惧”。

张越：害怕了。

于丹：真是懂得害怕了。因为第一次讲《论语》的时候，没想过要讲第二次，我就随手把好讲的内容差不多都讲完了，这一回再来七讲，发现剩下的都不大好讲，压力很大。应该说，这一次我准备得比第一次更认真、更细致，内在的逻辑性更强，材料更丰富。

张越：你怕到什么程度？你唠叨吗？怕的时候。

于丹：不唠叨，我从小就不唠叨。

张越：你不跟周围人说，吓死我了，吓死我了？

于丹：没有。我是独生女，我也没上过幼儿园，没人可唠叨，养成了不唠叨的习惯。但是，我写日记，自己跟日记本唠叨。

其实，刚才这位阿姨说得挺对的，就是我周围的人，我的同事、朋友，也不大能看出来我有怎么样的变化。我不是有事就要找人唠叨的人，我觉得我长这么大，太多的事情都是发乎心，止乎心，很多东西只有我自己清楚。

好在我一直写日记，有日记在见证我自己是怎么变化的。讲《〈论语〉感悟》，我自己也很矛盾。从我自己的状态上来讲，我觉得压力很大，不太想再讲，但是从另一个方面来看，第一次讲得很不系统，《论语》中有太多重要的东西还没有讲到。比如说，这次讲了孝敬之道，第一次完全没有讲过这个；又讲了忠恕之道，这是儒家一个很核心的思想理念；还有讲仁爱之道和诚信之道，我想，这些都属于我们今天社会里面的一些核心价值，应该从经典中把它们梳理出来。所以，最后我就决定接着讲《论语》了。

张越：你说你“临事而惧”，惧什么啊？

于丹：这种“惧”，我觉得有很多方面。第一个方面，再讲《论语》是一种责任。第二个方面，这次开讲对自己是一个巨大的挑战。第三个方面，就是我也惧现在的这种生活状态。在讲《〈论语〉心得》之前，我就是一个很安静的大学老师。张越你认识我的时候，我都是在中央电视台讲电视传媒。

张越：对，在开策划会的时候。

于丹：我已经讲了十多年的电视传媒，这是我的专业。但是，现在各个地方请我的人都是让我去讲国学，讲孔子，讲庄子。这些内容都是我喜欢的，但是如果让我不停地讲这个，我内心也有惧怕，因为人的时间、精力就是那么多，我一直讲这些，那我的专业又该怎么办呢？毕竟我还要给学生上课，我自己还要再进修，那么时间上就会越来越冲突。在我内心，所有这些都是惧的理由。

张越：听到你惧，我倒挺安慰的。我做电视做了十多年，每次录节目之前都特别害怕。我以为别人都不害怕。我终于发现，大家都以为于丹不害怕，其实她也害怕，我算踏实了。

于丹：有太多人认为张越从来不知道害怕，你看你笑得多有迷惑性啊！现在说起来，我们都害怕，是吧？

张越：吓得后背都湿了。

于丹：那是你穿多了。

张越：“知者不惑，仁者不忧，勇者不惧。”（《论语·子罕》）这是圣人之道，但是其实我们还是会惧的。

于丹：对。不过，孔子说到“临事而惧”这四个字的时候，后面还有四个字，叫作“好谋而成”。也就是说，你遇到一件事，有点害怕，说明你心里在乎，你认真对待了，但不能怕得连这事都不做了。你要好好用你的智慧，全心投入，认真谋划，最后把它做成了。由“惧”而到“成”，这个“惧”才有价值。如果“惧”到放弃，它就没有任何意义了。

张越：2006 年“十一”期间你第一次开讲《〈论语〉心得》，那时你觉得这有可能引发一场全国范围的国学热吗？

于丹：当时我以为只是帮万卫老师一个忙。今天想起来，开讲《〈论语〉心得》这件事对我来说有一点喜剧色彩。后来弄成这么大的一件事，我真是没有想到。

我们这个组的主编王咏琴老师曾经私底下给我透露了一个秘密的故事。当时台里决定讲《论语》，让她编《〈论语〉心得》节目，万卫老师宽慰她说，没关系，反正经典必须得讲，这就算是上面加一个任务，如果这个节目做完后反响不好，不会追究你们的责任。你想，万卫老师跟我熟，让我讲一个我就讲一个，当时我就反穿背心上台讲。万卫老师没当回事，还跟王咏琴老师说做不好没事。我们大家都这样放松。我估计这件事不仅我始料未及，连《百家讲坛》也始料未及。我们都觉得要认认真真把这个事做了，毕竟《论语》是经典，对着孔子我们不能不认真，但做完也就完了，后面怎么样我估计当时大家都没想过。

张越：这种事情也是经常有的。我最早走上电视也是这样，人家告诉我没找着合适的嘉宾，让我去当一次嘉宾，帮一个忙，就去了。录完之后，其实就是让我做了主持人。我自己当时并不知道，要知道就干不了了。

于丹：后来就不是帮了，而是一直在这儿忙着了。

张越：对，所以无知者无畏嘛，一开始误打误撞就做起来了。

于丹：有畏的时候，你就开始有智了。

张越：你那次讲完《〈论语〉心得》，我记得在中关村做第一次签售。我听敬一丹说，她去中关村，就老远地望见一堆一堆的人，车都堵了，她当时的反应是中关村出事了。

于丹：我也以为出事了。我当时想，我怎么赶上一个出事的时候上这儿来呢？给我耽误了怎么办？

张越：后来你才知道，那个惹事的就是你。

于丹：后来接我的那车就直接开到地下车库，而且把我拉到一部货梯那儿。工作人员说，你必须走货梯上去。我才把这个事跟我联想起来。我都不能走正常的道路了，而要从货梯上去，到签售现场。

张越：《论语》距今两千多年了，为什么忽然之间你在今天这个时刻引发这么一场热潮？你想过吗？

于丹：我不开玩笑地说，这件事情不是我引发的，而是大家心里积蓄的东西太多了。我是做传媒的，起码知道传播的时候，只有这个信息在被期待的时候它才是有用的，才能被接受。如果没人期待，你一个人在这儿说吧，大家根本听不入耳。

我觉得，现在人们心里有着很多很多的困惑，一直都在寻找答案。不能说《论语》给出了唯一的答案，但是它给我们的寻找提供了一个坐标。

我想，所谓对于国学的关注，仅仅看这个世纪之初还是不够的。我们也不用说两千多年来有多少巨变，其实就看整个二十世纪，我们经历了什么呢？二十世纪一开始，辛亥革命，中国稳定的两千多年封建帝制一下子土崩瓦解。这是一次革命性的突变，而不是改良式的渐变，它是一次毫不留情的颠覆。

八年之后，出现五四运动，要“打倒孔家店”。当时提出这个口号有它的积极意义，因为要让西方的民主和科学进来，矫枉必须过正，所以提出这样一个口号。但是在一定程度上，它把一个相对稳定的思想价值体系打碎了。

接下来，三十年代，整个民族救亡，持续到四十年代。从文化学术上来讲，那个时候尽管有北大、清华、西南联大，有一批知识分子在探索努力，但是很多努力只是个人式的，在整个救亡那个大环境里面无法完成文化的重新建构，无法建立新的价值体系。我们就在这种坍塌的废墟上忙着救亡救国。

等到新中国建立，五十年代反右，六十年代“文化大革命”，而“文革”后期是批林批孔。在批林批孔的时候，由于一种泛意识形态的比附，儒家思想的地位一落千丈。这次全民性参与的批判，我认为其负面影响比五四运动时期还要大得多。五四运动是一次精英化的、学理化的运动，而批林批孔则是非理性的运动。

我们还记得，孔子的脑袋那时候被画得跟土豆似的。孔子之所以叫“孔丘”，就是因为他脑袋长得不平。人们又说他四体不勤，五谷不分，走到哪儿都不认识路。我们所看见的其实是一个被妖魔化的孔子。

一说孔子，就是孔老二；孔老二有什么思想，就是克己复礼；大家还要把他打翻在地，再踏上一只脚。但是，我们有几个人真的知道孔丘何许人，他有什么思想？我们见到的是一个被妖魔化的形象，完全只是一个被批判的载体，至于他的真实面貌我们已经不关心了。

我们知道，一直被奉为正统的儒家思想，从罢黜百家、独尊儒术开始，到辛亥革命，这中间它很少遭到全面性的颠覆，而在上一个世纪中，它遭遇了两次全面性的颠覆，这意味着什么呢？

孔子只是一个符号载体，他不是全知全能的。儒家思想的遭遇意味着中国文化主体血脉在二十世纪遭遇了重创，出现了断层。那么要怎么去整合呢？在这片废墟之上，人们心中的困惑太多了。我认为，我们已经用整个二十世纪走过了这么长的苦难历程，我们对历史已经批判得过多。今天，我们要赶快完成一种文化建设工作。这种建设的呼唤，存在于每个人的心里。

改革开放给中国人带来一个最好的时机。现在国力强盛，物质生活极大丰富，科技发明很多，那么这么多的进步，就能让我们内心的幸福感得到提升吗？有时候，人们会由于选择过多而迷惑。

六十年代、七十年代没什么选择，大家心里都很平衡，但是到这个时候，我们会选择什么呢？我觉得今天面对文化建设的呼唤和选择标准的迷惑，一定要有文化的回归。关于这种回归，并不是说儒家文化或者说整个的中国文化变为唯一的精神救赎，大家在上面一下就能找到自信，而是说在这种回归的历程中，我们更多地发现内心的愿望，找到参照的坐标系。当每一个人都进入内心的审视和对中国文化有所领悟的时候，我觉得文化建设的时代正在来临。这不是意味着它已经建设起来了，而是意味着每个人都开始参与了。我觉得，今天的国学热这个热潮就是这么起来的。

张越：你说到我国整个二十世纪经历的精神的纷乱及其重构过程，其实不仅仅是中国经历这个过程，这一百年全世界都在干这件事情，颠覆传统，然后价值纷乱，然后回归传统，西方也是经历这样一个过程。

于丹：这是一个螺旋形的上升。我认为这种回归不是一个简单的回归，而是整合以后的多元文明的融合，是好事。

张越：就我们中国的现实来说，我们价值多元化，同时又伴着价值虚空。

于丹：对。

张越:你可能日子过得好了,但是你心里会觉得不快乐,所以大家要在精神上找出路,其中的出路之一可能就是回到古典。可以说,这一次的热潮中,你作为一个标志性人物,是天时地利人和的结果,是吧?

于丹:对,天时地利人和。我觉得,也跟我出现的方式有关系,我不是以一个大学教授的身份出现在大家面前的。如果以教授的身份来开讲,我应该讲传媒学,但是我讲的不是我现在教的专业内容。其实,我只是一个普普通通的中国人,面对《论语》,完成了一次自我心有所得的呈现,进行了一次用普通民众话语的沟通。我认为,这里面是非学理性的因素在起作用。

我觉得《百家讲坛》是一个大众传媒的平台,它要面对的就是普通的大众。大家可以说,这个人她不是什么教国学的大学教授,她就是一个普通中国人,一个"文革"时期才出生的女人,这一切都跟经典不太沾边,但是这样一个人她能读《论语》,那么一个农村大妈她有什么不能读的,一个中学生他有什么不能读的,一个下岗职工他有什么不能读的?我都这么读下来了,大家愿意读都可以读啊。

人人都可以用自己的生命去还原一种经典,也就是说,让历史活在当下,用生命去激活经典,这是一种可能性。大家都参与到里面来了。我觉得,我传递的这样一种可能性,比起我讲的内容,其价值要大得多。

张越:你觉得你现在讲《论语》,讲《庄子》,说话方式跟你以往讲课时说话的方式一样吗?

于丹:基本上是一样的。我在大学里面讲课,其实也是一个老讲故事的人。我觉得,我是念传媒专业出身,有一个根深蒂固的印象,就是当你传递无效信息,用语流去袭击受众的时候,你是不负责任的。我们传播信息,不在于你传递的信息有多少,而在于里面有效信息有多少,就是人们要能记住你的东西。

怎么记住？人们一般容易记住有情节的东西，感同身受的东西。所以，从单纯的义理去阐发，你语流再庞大，也是无法记忆的。所以，我在大学里讲课就老讲故事，而且就是这样一个话语方式。当然，讲的内容不同，学理层次也不同，可能有很多专业性的东西。我用这样一种方式更有意识地跟大家沟通，一定要离现在的生活近，让大家带着疑问去贴近经典。没有这个问号，经典那个沉甸甸的封面是翻不开的。

张越：你是说，讲得再好，如果对方全没听进去，那就是没用的。

于丹：对。

张越：这是学传媒的人的一个基本训练。

现在我替观众问一个问题。有观众问，你讲仁义礼智信，这个在当今社会还有积极意义吗？

于丹：其实，《论语》里面有很多东西是在孔子那个时代提出来的。今年应该是孔子出生后的两千五百五十九年，他那个时候提出来的东西，当然有很多是过时的了，比如说礼。那个时候是一个宗法制的社会，礼是维持整个社会结构的一个纽带，所以孔子对礼有很多迂腐的坚持，比如他说："八佾舞于庭，是可忍也，孰不可忍也？"（《论语·八佾》）他对鲁国季氏"八佾舞于庭"的僭礼行为表示了极大的愤慨。如果在礼上越级，孔子认为是不可容忍的事情。再比如他还提出"克己复礼"的思想，这在朱熹的时代都有过很多的探讨。这些东西都属于过去的时代，但是《论语》里也有一些我认为是关乎人性、是属于任何一个文明社会里核心价值的东西。

比如说"信"。什么时候人们可以不守信呢？我曾经说到一个故事，就是现在台里正在做的"感动中国"节目里的。2007 年 4 月，江西有一个农民，在救火的时候牺牲了。他留下三十一岁的妻子陈美丽，她上有年迈的婆婆，下有两个女儿，一个七岁，一个才几个月大。她丈夫临死的时候，她知道他欠了别人的债。虽然他牺牲了，他的生命可以抵了这个账，但她还是在村里贴了还债告示。后来就真的有很多人找她来要钱，累计起来有五万多块钱，其中有将近四万没凭没据。陈美丽就这样养着老的小的，替她丈夫还债。她只有一个理由，说她丈夫活着的时候口碑不错，我要让他走得心安，让他走得没有牵挂。其实像这样的行为，人是为了什么呢？就是为了一个字——“信”。这个“信”字不一定就是对别人的，也是对自己内心的。

再比如说“忠恕”。我们可能说，今天的时代，没有皇上，不需要愚忠了。什么是“忠恕”？有人说“中心为忠，如心为恕”。“中心为忠”，真正的忠诚是忠于自己内心的良知；“如心为恕”，他人心如我心，将心比心，你就会懂得宽恕。你觉得这样的“忠恕”，还有“仁爱”“正义”，这些东西一定全都过时了吗？我就觉得它们没有过时。我们可以不在学理层面去探讨这种精神传承，我们只要去看看现在大家待人接物的方式，还有我们笃信的东西，难道不觉得有很多东西其实都在回归吗？

在农村，可能一个目不识丁的老太太，她也没念过《论语》，但是她会知道孔夫子。你去农村看春联，许多人家贴着“忠厚传家久，诗书继世长”。他们家没多少诗书，但是他们懂得为人要厚道的道理，要守信誉，要正义待人。我觉得，这些核心价值是我们血液里的文化基因，它颠扑不破，不管你写出来还是不写出来，它总跟这个时代有着融合。

张越：对，世间肯定有一个正道存在，不管由谁来解释，由谁来传递，但是“道”是存在的。

于丹：对。

张越：一个东西可以成为经典，必然有它可以穿越时空的价值。

于丹：就是因为它简单朴素，微言大义，所以到任何时候都可以再去用你那种方式解释它。经典的东西是什么呢？其实就好比是白开水，我老觉得白开水是好东西。我们今天，你可喝的东西很多啊，喝酒，各式各样的酒，喝下去，哗的一下子烧起来了，觉得多过瘾，比水好吧？咖啡、茶，要是冲泡一杯，满屋子都是香的。各种果汁，乳酸饮料，碳酸饮料，什么都好吧？但是，为什么你还一定要喝水呢？因为水没有添加剂，它最健康，它是人体必需的东西。再说，各式各样的饮料里都有水，咖啡、茶没有水能冲吗？酒没水行吗？果汁没水吗？而且，你喝完什么最后不都还得喝点水吗？

水可以在咖啡中活着，可以在茶中活着，可以在果汁中活着，水无处不在，无处不需要。你说它不好吗？同样，你能说经典都过时了吗？其实，有许多东西不过时，一直活在我们心里，最朴素，最健康。在我看来，这就是经典的意义。

张越：这里有一个你们传媒系学生的纸条。他问，这一代年轻人应该以怎样的态度对待国学？

于丹：我觉得也不能说是哪一代人要怎么面对经典。每一代人首先要面对的，不是国学，不是经典，而是每一代人和每一个人如何真诚对待自己的生命，这是一个永恒的命题。如果你对自己真诚，你就希望能够把很多有价值的东西链接起来。你可以不读《论语》，你去读西方的著作也可以，你去读艺术也可以，你热爱郊游或者你热爱收藏都可以，只要你真诚面对自己的生命，你就会想办法让你的生命丰富起来的。这时，有些人也许会有机缘遇到国学，发现自己生命的根就在那里，不过不遇到也没关系。

我觉得，对于任何一代人来讲，首先要真诚面对自己，而不要被外在的世界迷惑。现在的时代，外在的东西太多了。你看电视，一会儿觉得这个人的标准好，一会儿又觉得那个人提供了一个新的生活方式，那么你究竟是成为你，还是成为他呢？有时候，在你做了 N 多个选择之后，你唯独没有选择成为你自己。国学是什么呢？它应该是冷静的，缄默的，带着一种温暖，你去认真读懂了，它就是让你成为你自己的东西。

坦率地说，我挺不喜欢叫什么国学热。我从 2006 年一讲完就不喜欢什么国学热，但 2007 年太热了，我到现在还是要说，我们不要把国学过分放大。我觉得，放大国学或者放大我本人这个符号，任何过分的放大都是其意义和价值的贬损。更好的方式是去真诚面对，就是它该怎么样就怎么样，国学不能救赎一切。一个人不到特定的时候，有些东西他就是读了，心里也没感觉。

你就说《论语》吧，我算是跟它挺有缘分的，小时候家里就给我讲，长大了我又读的是古典文学的硕士。应该说，我二十来岁时，这个东西已经通读下来了。其实呢，好多话是不懂的。我二十来岁时最喜欢的话都是“士不可以不弘毅，任重而道远”(《论语·泰伯》)、“三军可夺帅也，匹夫不可夺志也”(《论语·子罕》)这样的话，觉得这多掷地有声啊。这些话就是警句。二十来岁，谁不往小本上抄警句啊？抄点西方哲言、流行歌曲，跟抄《论语》，都是一样的，就这些话怦然入心。但是，时光再往前走，我走到三十岁，走到四十岁，我现在喜欢的话就是子路、颜回大伙儿在一块儿谈理想，最后问老师，你的理想是什么啊？老师说，“老者安之，朋友信之，少者怀之”(《论语·雍也》)，我做到这三条就行了。这样的话，我年轻时看，一点感觉也没有，觉得朴素简单到让你不足以给它记忆的空间。

张越：年轻人喜欢大话。

于丹：喜欢大话。我现在才发现，读书是一个逐渐让自己的心安静和回归的过程。我们不缺乏远大理想，但是缺少从脚下达到理想的道路。人最容易犯的错就是灯下黑。老者安之，朋友信之，少者怀之，能做到这三条的人有多少？我们现在老想着远大目标，治国平天下，但是谁能把身边这老的、小的和朋友们都安顿好了呢？很多时候我们自己一忙起来，最容易忘记的就是这三种人。

我发现，圣人好就好在他把普通人的理想给完成了。他不会忘记身边的这三种人。孔子又说："仁远乎哉？我欲仁，斯仁至矣。"(《论语·述而》)仁爱难道离我们很远吗？我要真想做到的话，心中一念它就到我身边来了。我现在喜欢的都是这样一些最简单的话。

司马牛问老师什么叫君子，老师回答："君子不忧不惧。"(《论语·颜渊》)内心没那么多忧伤，也不太恐惧，这就是君子了。司马牛有点不以为然，说："不忧愁，不恐惧，这样就可以叫作君子了吗？"我估计司马牛的反应跟我年轻念书时的感觉差不多，觉得怎么那么简单啊，不需要建功立业吗？光是个心情啊？孔子就跟司马牛说："内省不疚，夫何忧何惧？"(《论语·颜渊》)一个人要是天天摸着良心问自己，我能不能做到上不愧于天，下不怍于人？如果今天所有的事我都好好做到了，我就能踏实睡个好觉。我自个儿心里没有愧疚，那还有什么忧愁和恐惧呢？能做到这样，难道还不是君子吗？这种话有味道，我觉得这就叫微言大义。

刚才那个学生问这一代年轻人怎么对待国学，其实所有好东西都是一辈子的事。这辈子你喝酒可能有一段时间你就喝腻了，有一段你戒了咖啡了，还有一段不喝浓茶了，但是水这东西，你虽然觉得它没味，可它是这一辈子喝得最多的。经典也是这样。别指望我们年轻这一代，二十岁的孩子都去诵读经典。我觉得这个东西你背不背它都没关系，你是不是都看懂也没关系，只要你二十岁的时候有二十岁的体会，四十岁时有四十岁的体会，六十岁时有六十岁的体会，一辈子相伴相随，只要你对你自己的生命足够真诚，那么你总会有机缘读得懂它。

张越：我同意你说的,《论语》或者国学，不可能完成天下万世的救赎。

于丹：对。我觉得现在要反对一种新迷信，就是对于国学的迷信。有些朋友问我，我一天读一条《论语》，每天都读，我都读完的时候是不是就能悟到点什么了？那样的话，我觉得太像宗教了，我天天拜佛，拜到最后是不是佛就一定把好事都给我了？还有人下岗了，或者离婚了，也问我，我看《论语》中哪一段对我现在能开导？《论语》再好，它也不是万能大字典啊，我们不能抱着急功近利的心去查。

我觉得，不仅《论语》不是唯一的经典，中国文化也不是唯一的文化，不见得学中国文化就要把西方所有东西都排斥了。作为一个人来说，最重要的是你的身体要像个烧杯，所有的思想在你这儿进行化合反应，而不是简单的物理累积，更不存在某种一元化的救赎。我们的心只有从这样的狂热中逐渐沉静下来，才能离真实近一点，离经典的本意近一点。

张越：现在《论语》非常非常地热，大家在困惑当中就把它当成治世宝典了。你能不能说说《论语》有些什么欠缺？

于丹：我觉得《论语》产生在它那个时代，必然带着那个时代的色彩。我们不能从今天的眼光来看，认为它有欠缺，但是可以说它有局限。任何一个时代，都有它的格局，为其所限就出现了它的局限性。孔子那时候有电脑吗？他能打开一个 Windows 视窗，用百度去搜一个什么条款吗？他肯定找不着啊。他那个时代有现代的立法、司法吗？有现在的金融制度吗？什么都没有。

以今天的眼光，怎么看《论语》的局限，我觉得要分学理性的眼光和非学理性的眼光，是两种不同的角度。如果用学理性的眼光，我觉得要去请教专家，人家会非常严谨地去分析儒家的思想系统，这不属于今天我们在电视平台上讨论之列。如果以非学理性的眼光，也就是大众眼光的话，我就想提出来，我们尽量去看那些跟我们今天有关的东西、对我们有益的东西，而不是死揪着它的局限性去死缠烂打，也许就会获益。

所以我说，一方面，《论语》不是完美的，它并不是一个宝典，不能救赎所有人；但另一方面，不能就说《论语》完全是过时的，不能因它有局限，就让我们对它完全丢弃。我觉得，这两种极端的态度都是不可取的。

张越：我也认为《论语》并不过时，它里面的很多内容对今天的生活、对人的心灵非常非常地重要，给我们这个混乱的时代立点规矩，这是很好的事。但是，我觉得《论语》里面对一些非常本质的讨论有一些欠缺，比方说它会告诉我们人应该怎么活着，可是没告诉我们人为什么要活着。孔子说："未知生，焉知死。"(《论语 · 先进》) 不讨论死亡，怎么活就说不清楚。人能不能只靠自己的道德本性来面对这个世界上的一切问题，我觉得这恐怕是可以研究的。其实我想说的是，我们从自身现实问题出发，走到了《论语》里，这非常好；我也希望我们能再从《论语》出发，走向更广阔、更结实的价值构建，来安顿我们的身心。

于丹：是这样的。《论语》是什么？我们今天这样奉为经典的一部书，当时不过就是孔子的一些课堂言论，他的学生把笔记整理整理就弄出来了，整理出来的这二十篇实际上没有太内在的逻辑体系。我觉得，我们不要以一种过分神化的眼光去把《论语》看成一个完整的体系。有时候，把孔子还原成凡人，可能会激发我们心里真正朴素的爱……

张越：你现在成了一个传播传统文化的符号。这里有一个观众的问题，他问你，你觉得应该怎么传播传统文化？你觉得正确的、好的传播方式是什么?

于丹：对我来讲，我很少使用“正确”这个词，因为“正确”的另一端就是“不正确”。其实，在我的人生中，有很多问题是多选题，不是单选题，我不喜欢用绝对的非黑即白、非对即错的方式来思维。我觉得，传播传统文化不是每个人都要去做的事。也就是说，经典更重要的是要自己去阅读，要自己去感受。每个人从原典中读出的心得都是不一样的。像我，有可能变成一个职业传播者，所以我要去考虑传播策略，比如大家怎么样能够贴近经典，能够记忆经典，但并不是说每个人都要去传播，更多的人可能更需要从自己的生命经验出发，去好好体会，这就够了。

张越：今天，中国孔子基金会副秘书长王大千先生也在我们的现场。我们请他来谈一谈对传播经典文化的认识。

王大千：感谢于丹老师对孔子文化的传播做了这么多有益的工作，使大家关心和关注传统文化。我来自孔孟之乡的山东，从事的也是传统文化的传播工作。当下的国学热引来大家对传统文化的关注，是一件好事。我觉得还是用孔子的话来说比较好，叫“有教无类”，无论什么样的人、从事什么职业都可以接触经典，感悟经典。这就是寓教于乐，用不同的形式、不同的方式来传播我们的传统文化，使更多的人受益，使更多的人能够了解、掌握我们这个民族精神家园的宝贵财富。

张越：他真正的问题还没问呢，下面是他要问的问题。他说，有一次听你说“我希望你们忘记我，记住我做过的事”，不明白这是什么意思。

于丹：“记住我做的事”，就是记住，可以由一个非专业的、普普通通的、也不算老的这么一个中国女人，以她自己的方式把经典读了，而且心有所得，那么所有的老百姓、每一个人大概都能以自己的方式去读经典，并没有多难。而且，她读完了以后还觉得挺快乐的，觉得她自己的生活里面还是有憧憬的，有梦想的，跟周围的人也都可以友善相处。所以，好好读一读，有这个悟性就行，不一定要有很深的学理，我们都能感受到经典的魅力。这就是她做的一件事，贴近了经典。至于这个女人是谁，叫什么名字，不重要，可以是于丹，也可以是别人，所以忘了于丹，记住这么一种感受，就够了！

张越：你讲《论语》之后，影响力扩大的同时，骂你的人也多起来，我不知道你碰到这种情况的时候，心里是什么感觉？

于丹：这种情况一直都存在。坦率地说，我能理解。我觉得，大家对一个现象有关注，比没有关注好。既然我能够讲一心所得，人家千心万心皆有所得，每个人都可以从自己的角度去对经典进行阐发。我能说话，人家也能说话，不同的角度去看，看到的东西一定是不同的。

一部《论语》，从纯学术的角度去理解，就是一种学理性严谨的研究；从宗教学的角度来理解，就是一种儒教的研究；从儒术的角度来解读，就是一种政治化的统治术。解读《论语》的角度可以不同，而我不属于这些理解中的任何一个角度，我就是一心所得。

有一些学者站在纯学理的角度，认为我这样解读不通，我完全能理解。我读硕士的时候是学古典文学专业的，我理解这个纯学理的角度；但我读博士的时候是学大众传播专业的，我更知道《百家讲坛》让我站在这里的意义，给我这个时间段和频道资源，那就必须要对观众负责。我们看，坐在这里的叔叔阿姨，他们有可能只是小学毕业，但是他们都知道孔夫子在历史上是我们民族的一个圣人，他说的话跟我们现在的生活可能有关系。这样的话，我们必须得以一种大家能懂的方式去聊一聊吧？所以我觉得，那些严谨治学的学者不一定是教传媒的，他们的角度是一种研究的角度，而我的角度是一种普及的角度。我觉得人家只要抱着一种真诚的意愿，说你哪个地方讲得不够严谨，或者你这种提法站在学理角度是不被允许的，其实对我有好处，可以让我的讲解变得更完善一些。而且，不同的声音越多，越说明更多人关注，这对《论语》的解读大有好处。

张越：批评的声音很大的时候，会扰乱你的心情吗？

于丹：我觉得要看怎么讲。所谓的批评，可能有两种方式，一种是抱有诚意的探讨，另外一种，有一小部分是带有人身攻击的色彩。抱有诚意的探讨，我都会非常认真地去尊重，我要对人家说谢谢，因为我确实没有人家那么专业，那么严谨，人家提出来的问题我都得去看。至于人身攻击的谩骂，一笑随风就好，那个东西不会干扰到我。

我觉得孔子讲的东西是什么呢？就是一个人管好自己，让自己在当下把该做的事情努力做好。我努力去把《〈论语〉心得》讲好就行了，何必与人去争辩呢？我从来不敢说我提供的内容都是正确的，但是我会准确地传递出我的一种感觉，就是圣贤之道它是朴素的，是温暖的，是贴近人心的，它能活在我们的生活里，它能给你解忧。所以，有人骂我两句，说对了我就吸收，说得无聊的我就根本不会听进去。

张越：我看到一部分观众、读者把你当精神导师了，而且是万能灵药，而这在我看来是很可怕的一件事。我不知道你自己看到这种情形时心里是什么感觉，高兴吗？喜欢让自己成为一个这样的人吗？

于丹：怎么说呢？在这个世界上，每一个生命个体都是独立的。我们的爱，有时候也是很有限的，比如说，我爱我的孩子，孩子真是磕了一个大口子的时候，我可以替她去裹伤，我可以抱着哄哄她，但是我再心疼也不能替她疼啊。也就是说，每个生命的成长都必须穿越你必须经历的磨难，没有任何一个人能够去帮你。我不觉得我真的可以去帮大家，我发现太多太多的人需要一种生命自救的力量。我会更信任经典，经典也不能救赎一切，但它能让我们找到心灵的力量。

这一年中，我接到的信据说有六千多封，我也数不过来了。有很多人说的是孩子得了抑郁症，有孩子吸毒的，有老父亲卧病在床的，有单亲母亲的问题，有孩子刚出生要起名的……没有几个人跟我探讨《论语》或《庄子》，找我说的都是这些事。看到这些，我心情很复杂。我坦率地告诉你，这些信件比那些所谓的争议给我的压力大得太多太多，因为这是沉甸甸的信任和托付，我首先必须感激大家的信任。但是……

张越：来信你都看吗？

于丹：我会看，但是我真的无法一一回信。张越，我要借你这个平台跟大家道一声歉。我现在接电话也很少。有些人可能问，你的电话怎么现在老在秘书台，为什么接不了？如果我每天接电话，那我一点别的事都不能干了。我的电话太容易得到了，因为我原来在那么多电视台讲课，几乎每个电视台都有我的电话。我这号码多少年也没改过，就怕朋友们找不着我。现在，不要说回信，就连电话我都不敢接了。

我一直想，大家之所以这么信任我，他们一定希望我不要被一种外在的力量异化成一个他们不认识的人。他们喜欢我这种朴素的态度，因为我还是一个真诚的人，我还有我的专业，我在学校还是个老师，我在家里还是个母亲，我并没有成天就神神道道满世界在那儿讲，变成一个符号，我自己的东西反而没有了。我觉得这是一个悖论，当我满足了各方面的需求，最后我变得不再是我自己。

还是回到我一开始跟你说的那句话，我希望每一个人生命的出发点都是真诚地面对自己的生命。如果我不能做到这一点的话，那我也没有办法再去说我能读懂多少经典。我觉得我也有那么多问题，大家都有压力，关键就是我们自己都要找到一种调适的方式，都要相信没有一个外人能替你做出判断，最终能够穿越的只有你自己的心。

张越：我们说，我们学经典的目的是让自己的内心强大起来，面对生活，面对世界。其实，于丹她一个人救不了那么多人，做不了那么多事。

于丹：对。这个世界上没有任何一个人有如此之大的救赎力量，包括孔子。我觉得每一个人都应该以这些经典作为养分，融会贯通，变成你自己的一个生活方式。我整个人生的成长就是因为看见太多太多这样融会贯通的人，所以我才会对这些经典产生信任。

我读硕士时候的导师是北师大中文系的教授聂石樵先生。我特别敬重我的导师和师母。师母邓魁英女士是教唐宋文学的著名教授。现在他们两个人都八十多岁了，我在他们家读书的时候，他们两个人也都年过花甲。我读硕士是在八十年代，那个时候没有电脑，聂先生当时已经是学富五车、德高望重的老教授了，但他坚持不用任何学生给他抄稿子，不用任何学生给他打下手。现在的大学呢？导师使唤学生都习以为常了。我的导师和师母非常关心学生，但是不能让学生为他们做一丁点事情，什么抄抄写写，跑个腿，送个信，他们认为这跟他们的价值体系是不符的，怎么能这样使唤学生呢？而且，聂先生上课从来不迟到一分钟，对他来说，该上课的时间那就是天条。聂先生这些做法到今天对我还有很深的影响。

再比如我的博士导师黄会林教授，到七十多岁还在给本科生上戏剧文学课，不管外面是评奖还是开会，没有听说过老太太调过课。她老是把“严是爱，松是害”挂嘴边上，学生们都服这个气，是因为这么些年看见老太太对她自己比对学生严格多了。

我现在想想，我当时读这些经典，就是因为老师们的人格让我对这些经典有一种信任。他们是我实实在在看得到的人，所以我信任经典。我觉得，一个人光学习不够，他得把经典变成身体力行的东西。现在很多人刚刚知道经典是好东西，其实等你真正进入以后就会发现，它点点滴滴地进入你的生活，最后变成你的生活方式。

张越：我想起一个传媒同行谈到你的时候说过一句话，对于丹最大的伤害不是你批评她，而是你过高地期待她和赞美她。

于丹：这是刘春（资深电视人，凤凰中文台执行台长）说的吧？刘春也是我的好朋友。我记得这是有一次我们俩在咖啡厅聊天的时候，我自己跟他说的。为什么这么说？我相信这个世界上的美好事物都有一个前提，就是以真实为前提。我不希望要一种虚幻的美，如果以真实的陨落作为代价，那我宁可要一种真实的残缺和不甚完美。我不喜欢现在加在我身上的种种褒义词，说我怎么出色，怎么优秀，怎么智慧什么的。

张越：不喜欢的词还有什么？

于丹：类似的词太多了，这些词我统称为褒义词。褒义词就是个标签，一个褒义词放在我的身上就会让我离自己的生命远一分，当我要是被标签糊满的时候就看不出我本来的颜色了。

我喜欢什么呢？我只喜欢我真实的状态，我就活在当下这个状态。有人说你多成功啊，那什么叫成功？我觉得“成功”“优秀”这样的词只有镌刻在墓志铭上它才作数，我还得接着往前走呢，你哪里会知道下一步等着我就是一个什么样的失败呢？你现在把标签已经搁我身上了，我才四十岁，我后头还有三四十年呢，你让我有多大压力，我老得为褒义词活着吗？我不愿意。我现在真正想做的事，就是好好做一个本真的自己。

这也是我要传递给大家的态度，我们要活在真实中。谁都可以做一个真实的人，我们坦率真诚地面对生命，可以让自己活得天真一点，在自己的生活中也许会犯错。这样的话，我们可以让自己精神更轻松，更真实，也会有更大的创造性，结果呢，我们可能走得更远。

张越：你知道怎么可以做到本真的你自己吗?

于丹：你说。

张越：特地干两件没出息的事，捅两个娄子就好了。

于丹：以我的水平，根本不用特地，天天都在干，就是你们看不见而已。压力再大点的话，我这种丢人现眼的事会越来越多的。

张越：能举个例子吗?你最近丢人现眼的事是什么啊?

于丹：我最近丢人现眼的事很多。比如说，我最近丢东西的概率明显上升，丢完东西后满世界去找。其实，我觉得我跟我的学生在一起的状态就挺真实的。我每次跟学生上街，他们跟我说的最多一句话就是“跟着，别瞎走”。我一会儿又丢了，我就赶紧跟上。我的学生都无微不至地照顾我，而且总认为我会出错。

现在谁把我的智商估计得比较低，我就觉得他一定属于我的亲人之列，因为他们会比较了解我；谁要说于丹老师是万能的，那就离害我太远了。我坦率地把这个话说出来，就是想做一个很真实的人。我就是有好多毛病，我的学生都知道，所以会这么管着我，我特别高兴。

我的学生给我做了一个礼物，一个拿小碎片拼的拼图，都是拆得特别碎特别碎的小片。拼图上是他们所有人跟我的头像，大家的脑袋都散落在各个地方。我发现，他们的头像都特大个儿，而我的脑袋给扔在一个犄角旮旯里，还特小，找半天反正都找不着我，那么拼起来不就是更费劲?肯定会把我的耳朵拼在某一个男生的脑袋上。后来大家都会拼错，挺好玩儿。这是个玩具，但是有我们大家的头像。这个东西我拿在手里，心里感动啊，真的快流下眼泪来了。

如果他们把我一大头像搁中间，他们跟小葵花似的围在周围，那我肯定就把这个东西扔了。如果他们给我做一个大相框，而不是一个玩具，我也会不喜欢。他们知道我就爱玩，他们给我的东西都是他们当下正玩的东西。我觉得作为老师这是一件挺牛的事，我学生玩的什么我都跟得上，而他们也愿意带着我玩。

还有，他们认为我的脑袋就应该比他们的小，就扔在一个犄角旮旯，这件事让我挺感动。张越，我跟你说，现在让我感动的，大家对我的信任是一种，但是还有另外一种，就是这样的感动。在他们的眼中，我从未改变，我是一个随时会出错的人，可以跟他们不着调地玩，可以跟他们皮打皮闹的这样一个人。我觉得这种状态就叫作真实。

我看这些古圣先贤的书，可能跟我的生活环境很有关系。我挺喜欢我一直走过来的这个环境，比如说在北师大。按说大学有挺严格的规矩，比如说现在搞本科教学评估，要用什么样的 PPT 课件，要有什么样的备课教案，要有什么样的考题、考卷，要有什么样的标准答案，要有什么样的上课流程，等等，都有规定。但是，我在北师大一开始就是个特别另类的老师。

有一次，教务长王一川老师特别认真地找到我说，于丹，我找你核实一件事。有一位老督导员跟我说，我们有一个老师在早上上课，刚上了十几分钟，外边下雪了，她把课停了，让学生都穿上棉袄跟她下楼，大家去玩雪……他还没说完，我就回答，王老师，那人就是我，这事肯定是真的。这肯定违反本科教学规定了，我就问，这事儿还处理吗？我心想，这事过去好多年了，应该过了追诉期了吧？王老师跟我说，你知道那个老督导员当时怎么跟我说的吗？他说，没想到北师大还有这么好的老师。

其实，我们这个教务长一直在提倡从游式教学的教学理念。孔子的学生怎么跟他学习呢？是像小鱼跟着大鱼和和乐乐在水里游玩那种方式。这样的学习，大家不仅在学知识，而且在感受这个世界。王老师跟我说，于丹，你这就是一个挺好的从游式教学例子。我说，千万别普及，你也别表扬我了，你不处分我，就挺好的了。

这件事情让我非常感动。其实，我所遇到的很多事情都是如此。我在大学里面不是一个很标准、很规范的老师。当时之所以带学生下楼就是因为我觉得这个班上有好多福建、广东、云南的学生，这一辈子没见过雪，第一次看见雪花，你说你能讲什么内容来剥夺他们这一刻看雪的欢喜呢？下雪了，他们隔着玻璃窗，摸不着，感觉不到，多遗憾啊，所以我得把他们带下去。对于一个大学老师来说，这种想法是很不靠谱的，但是我没受处分，还居然受到鼓励。我就觉得特别温暖。

现在有很多人都对大学里头的管理制度很愤慨，认为不近情理，还有很多人际关系的纠葛，很复杂，我的幸运就在于我没有受到什么束缚。从小到大，我经历这种成长的穿越，不仅是因为在我心里有中国文化的积淀，更重要的是因为不断有人以他们的言行在加强我的信仰。

张越：说说来时的路吧。在你成长的历程当中，受什么样的人和事的影响比较大？

于丹：那太多了。我从小是一个挺封闭的孩子，喜欢文学。长大以后，读大学，读研究生，就有老师给我的影响，让我知道点人读了书以后要做什么。我读大学的时候是在八十年代，那时文科生挺自卑，老觉得是理科学不好才学文了。我是一个数学没学好的女孩，念文科还不算太丢人，要是男生就特抬不起头来了，一看就是学习不好。

我那时候老觉得百无一用是书生，什么知识都不能转化成生产力，这怎么办啊？就是在这种心情里面读完大学，读完硕士。我读书的时候读到一句话，后来我硕士毕业到中国艺术研究院中国文化研究所，所长刘梦溪先生恰好把这句话挂在我们的办公室里面，我大概看了五六年，这就是著名的“横渠四句”，宋代张载的四句话，叫作：“为天地立心，为生民立命，为往圣继绝学，为万世开太平。”这几句话给我影响挺大，我觉得它说出了一个知识分子的使命感。

如果一个人的心是为天地而立，他的坐标就很大。“为生民立命”，就是对百姓有使命感，能做大就做大，能做小就做小；如果只是为自己活着，肯定挺自私。什么叫“为往圣继绝学”？翻开那些佶屈聱牙的古代经典，一般读者已经念不懂了，你总得干点什么，让人们明白吧？也许一个人能做的事是简单甚至浅陋的，但是我觉得因陋就简地做点事比什么都不做要好。你不能为大家奉上一桌蛋糕的时候，哪怕奉上半桌窝头，那也是做点事。什么叫作“为万世开太平”？其实，万世太平都不是我们现在能够看得到的。有些时代，文化会付出代价，比如经济发达的时候，价值转型的时候，文化不一定是最繁荣的。在这些时候，知识分子总得做点什么吧？有一些知识分子，他可能为了这个时代而有所牺牲，但是要知道，人抬腿是往前走，落腿也是往前走，你正好赶上是落腿那一步，但你不能说这就不是前进。你要知道你现在做的事跟万世太平一定是有关的。

我就觉得，像这样的一些话挺激励我的，让我觉得有些事情一定要去做。再说，有些人，就是我说的身体力行的那种人，他们流露出来的人格风范可能对我的影响也特别大。刚才我说到我的导师聂石樵先生和师母，他们对我的影响就是这样。

在影响我的老师里面，第一位是我初中时代的语文老师王老师。那个时候没有重点中学，我上的是一个非常普通的中学，北京的一一〇中学，在百万庄那儿。我学习一直不算太好，偏科，除了语文底子好点，数理化从来没学明白过，体育也不好，所以那时我在班上完全是一个资质平平、什么都不出色的学生。但是我遇到了一个很好的语文老师。王老师是北大的高材生，当时本来要留校，他分到这所中学实习，赶上“文革”回不去，就留在这了，没再回北大。他是四川人，一个真正的才子，个子小小的，手中不离小烟嘴，一天到晚抽着烟，写得一笔极漂亮的字。

他在中学年复一年教书，他自己的两个儿子长大了，都没有考上大学。王老师年事渐高，遇见我的时候，已经五十多岁。多年来他一直有一个梦想，就是从他手里培养出一个真正的中文系大学生来，考上哪个学校都行。我记得他给我们上完课，总是给我吃小灶，给我拿好多的卡片让我背，让我在课上给大家讲。他一直就这样关注我，还带我去他家。

他住在锣鼓巷小平房里，破败的小屋子一进去整个是一张床，旁边那个小书架上，一个一个像中药盒子一样的小抽屉，拉开都是他自己手写的卡片。老师拉出一个一个抽屉给我看，让我背。我记得，师母就坐在小板凳上，就着床缝被子。师母真是一个大家闺秀，她长得太美了，让你觉得这么一个美丽的女人蹲在破屋寒窑的小板凳上缝被子真是不公平，但是她眼神特安详。我老师是个大才子，让才子站在局促的地方拉着一盒一盒小卡片似乎也是不公平的，但是他心中有憧憬，因为他有学生。

他们俩就那样闲闲地跟我说话，觉得把一切都托付给我了。老师跟我说，你看你两个哥哥都没有读上中文系，你以后是不是能读啊？我就这样跟着他念到初三。后来考高中，我考上了北京四中。我妈妈跟我说，她去给我办手续的时候，我这老师拉着她居然哭了。他说，从孩子本身想，她能上四中，这是一件特别值得庆幸的事；但是对我来讲，我又一个梦想破灭了，她不能在我手里去上大学了，不过我还是愿意这孩子上四中。

我上了四中以后，有时候也回去看老师。念到大学三年级，有一天听说王老师已经是肺癌晚期了，我就去医院看他。在薄薄的被单底下，他几乎完全塌陷在床里，骨瘦如柴。那个时候他已经说不出话了，我拉着他的手，他一个字也说不出来。我当时正要报考研究生，几乎已经决定了要考文艺美学的研究生。在那个时候，文艺美学流行，大学生们都觉得研究文艺美学多好啊。

当时看着他，我心里太难受了，我还能说些什么呢？我就跟他说了一句话，老师，我决定考古典文学研究生。就在这个时候，老师的手一下把我抓紧了，然后他用浓重的四川口音挤出一个字："好！"后来师母告诉我，那是他留在这个世界上的最后一个字。这就是托付啊。

从某种程度上来讲，如果我不是报考一周之前去看了我的老师，也许后来我学的还是文艺美学，不会去改考古典文学。我也是注定要进聂先生他们家门的。我一开始是奔着邓先生去的，我要考唐诗宋词，二十来岁的女孩子没有不喜欢古典诗词的，风花雪月多好啊。可是，我父亲一定要我考先秦两汉文学。他跟我讲，你喜欢唐诗宋词，你要是学了这段，元明清你都可以顺下去，但是魏晋以上，你倒推你可推不了，你没有那个功夫。他说，你现在还小，下下功夫，读一读先秦诸子，要真把经史子集能啃下许多的话，那么你想再往下读唐诗宋词，你自己去读，一定能读到底，很顺畅。就这样，我就跟着聂先生学了先秦两汉文学。

有时想一想，人生的道路好多时候都是阴差阳错，可能就在某一步路上，某一个人的一个点拨，机缘凑泊，你就改变了道路。我觉得，只要你对自己的生命有一份诚意，你会融合许多人的生命，对自己的方向能够迅速进行调整，让每一个经历都成为值得记忆的瞬间，最终成就你的人生道路。我这么一路走来，跟经典结缘，大概有太多太多人的生命在里面，这一切成就了今天的我。

张越：以前上学，后来毕业当老师，有想过出名吗？

于丹：没有。这可能跟我的成长经历有关系。你想，一个独生女，也没上过幼儿园，一个近乎自闭的孩子，她会想到出名吗？我从小也没过过什么苦日子，好像也不太需要我发愤图强。

自闭长大的孩子对外面的世界其实挺恐惧的，不太想去闯荡。我从小就是一个惰性很强的人。也就是说，对我来讲，心灵生活的质量比物质生活的质量要重要。我一直希望能够拥有一种非常宁静的空间。这就要说到我的一个爱好，就是喜欢昆曲。现在好多人问我，你为什么要讲昆曲啊？其实，我就是一个拍着曲子，念着诗词，风花雪月这么长大的一个孩子。我喜欢这种缓慢的、精致的、内敛的生活。尽管我很早的时候就知道知识分子要有那种使命的担当，但是我一直不希望自己用一种轰轰烈烈的方式去生活，我希望的方式是一种静水流深的状态。也就是说，如果让我选择，我会认为我的归宿是在文字的表达上，而不是语言的表达上。真的就是这么想的。

张越：尽管这不是你所期待的方式，但是忽然之间你真的就出名了，而且非常出名。出名之后，这一年多的时间里，你最突出的生活感受是什么？

于丹：喧嚣啊，就是很喧嚣啊。有时候让我很矛盾，一方面觉得这有意义，有我做事的价值，但是另一方面呢，我希望这种价值不要让我违背了自己的本真，就是让我能够真实地去发挥我有限的价值，而不要不真实地去发挥所谓更大的价值。也就是说，人的自我发展跟社会需求之间应该有一个平衡点，过犹不及啊。我没有指望什么国学热，我对“红”“热”这些词从来不喜欢，我喜欢的是在我写的《于丹〈论语〉心得》后记里面，题目就叫《〈论语〉的温度》。我说，我喜欢的温度永远叫作温暖，就是一种恒常的温暖，不是火热，因为骤热离骤冷也就不远了。我不希望我就像大家所说的那样，作出了多大多大的贡献，怎么怎么着出色，我认为那都是虚妄之词，我做不到，我也没有想做到。

我做了什么呢？在天津，有一个十二三岁的小女孩，她跑上来跟我说了一句话，我觉得这句话是对我比较贴切的褒奖。这小孩说，阿姨，我看完你这书才知道孔子他说的不是废话。够了，这就够了。这么大的孩子，她可能听父母辈说过批林批孔，认为孔老二全是糟粕，但是翻了翻我的书，觉得《论语》不是废话，也许哪一天她就自己去翻《论语》了，这就够了。我一个人无法做到让中国文化引起这么大的关注，我也没有必要去做到，因为那是所有人用心投入以后才会发生的现象。

张越：我看了你一天的日程表，2007 年 5 月 25 日，当时你在成都参加一个活动。这一天的日程是这样安排的：早晨九点三十分参加记者见面会，十一点给四川教育界人士作报告，下午一点半到购书中心参加央视一套节目启动仪式，然后是长达一个半小时的签售，五点坐车前往重庆。很可怕的一天，经常是这样，是吧？

于丹：经常会这样。这样一个节奏，看起来是非常紧张，但实际上，这里面还有另外一种节奏。比如说，那天早晨我早早起来，先跟成都电视台的几个朋友通通电话，闲聊一下，因为正式活动的开始还是比较晚；再说就在我去重庆的路上，我去了一个特别好的地方，就是咱们那次直播的时候看到的金沙遗址。你还记得那个小金面具吗？

张越：记得。

于丹：我当时就去了金沙遗址，在里面走了一大圈，非常震撼，真是鬼斧神工。我心里有很多东西被唤醒了。遗址看完之后，路上我一直在听 MP3，听歌。到了重庆，那边还有一批朋友在等着，大家就出去吃喝玩乐了。

你拿出来的可能恰恰是我很紧张的一天，但是我记得在那一天前后还是有一些间隙时间的。那些间隙时间中也有我喜欢的东西。我现在的生活是很紧张，但是我相信，一个人的生活永远都是硬币的两面。大家会看到一种外在的节奏，但是我的心里，一定还有着另外一种节奏，不会耽误。如果这两种节奏实在太冲突，我会把外在的节奏放慢一些，我心里的一些东西有它固定的位置，是不能退却的。

张越：我想知道，对你家人来说，你现在的日常生活成了什么样子？比如你的孩子怎么看，她妈妈整天往外跑？

于丹：我的孩子经常在晚上本能地要藏我的书包，因为她认为我没书包可能就不出门了。我一回家，她总问我的一句话，就是："妈妈，你还走吗？"今天我又是紧张的一天，我在这儿聊完，还要去京西宾馆参加政协的会。我今天最大的一个愿望就是，忙完这些事后，晚上回去能哄着孩子睡觉。我白天在外面很紧张，但是如果没有卸了妆躺在孩子身边，拍着她给她讲小红帽、大灰狼的故事，那我就会觉得这一天还没安顿。

一个人总有安顿自己的方式，虽然说我在外面可以做很多有意义和有价值的事情，但是现在对于我而言的安顿，一个是能够哄着我的孩子，让她睡觉，再一个是还能有时间写几笔日记，还有一个就是吃饭的时候能坐下来跟我妈妈好好聊聊天。我希望每天都能够真正实现这样几件事情。

张越：据说你的孩子最恨的人就是你的编辑小祝，因为她认为只要这个人一进门妈妈就要走，所以这个人是"绑架"她妈妈的一个坏人，是吗？

于丹：这还是停留在我的孩子早些时候比较幼稚的那些感受上，这是她一岁多时候的认知。两岁以后，我觉得小孩的智商有了惊人的飞跃。她现在开始知道祝叔叔是好人了，尽管她不喜欢他，但从理智上肯定这个人是好人。当她判断祝叔叔今天来是给她妈妈送点书什么的，不带她妈妈走，她会递给祝叔叔个把橘子。如果发现今天还要带走，估计也没有什么好脸色给祝叔叔。

我女儿的创造性还有了很多自己的发挥。我前几天回去，有一天她躺在自己的小床上，我坐在旁边拍着她，灯全关了。她指着天花板上的影子说，妈妈，你说那是什么啊？我说，那不就是外面投进来的光吗？路灯的那个影子，是圆圆的一个圈，里面还有一个黑点。我两岁七个月大的女儿就胸有成竹地反驳我，不，那是我妈妈的眼睛。我当时就有点蒙，没有说出什么话来。她就翻过身来，用她的小手摸着我的脸，很清晰地跟我说，那就是我妈妈的眼睛，是妈妈的眼睛。她告诉我，她每天都躺在这儿，看着这儿怎么想。

有时候，我觉得孩子的判断力可能永远都会超乎我们的想象。我每一次出来录像，她的表达方式都不同。最早的时候，她不到两岁，我会跟她说，妈妈要讲课去了，你帮助帮助我吧。她说，我给你吹吹吧。她就趴在我胸口吹吹。那个时候，她磕了碰了，大人就是给她吹吹。后来她越来越有力量，等到她两岁多，我说我去讲课，她就会说，我亲亲你。她亲完我了，就说，你不害怕了吧？我说，我不害怕了。一会儿，她会带着姥姥、爸爸，还有看她的小姐姐，一个小小的人儿带着一大堆人鱼贯而入，在那儿指挥若定地说，我妈有点害怕，我们大家一起亲亲她吧。她会率领一堆人来亲亲我，这就是她帮助我的方式。再大一点，她就很有奉献精神，把她那些小猪啊，小兔啊，各式各样花花绿绿的卡子都拿出来，逼着我穿上职业正装时要别上一个，说，你戴上我的卡子吧。再说，为什么她后来对祝叔叔不太愤恨了？就是因为她跟姥姥说，不用祝叔叔保护我妈，我长大了保护我妈。

我觉得她这些话都挺支持我。我会看见我们每个人的生命都在穿越成长，但也没有这么小的孩子的成长让人感到惊讶。我一直是一个对人性抱有信仰的人，因为我看到了单纯的孩子的心。她在一开始，对世界是多么透亮天真。她是无私的，她是有爱的，而且她毫不吝啬地表达。她能够用那么幼小的年龄，那么弱小的躯体，去帮助别人。

张越：你这么一个好玩、好闹的自在的性格，现在你要把日程表排得满满的，按一个小时半个小时那么计算着去见记者、接受采访、作报告等，我不知道这样的人生对你自己来说是不是有点……

于丹：无奈，是吧？我觉得现在是这样。可以说，一方面这种生活的节奏是我不喜欢的，但是另一方面，我觉得我现在单纯地抱怨或者是停下来什么事都不做了，那也是不现实的。

张越：好，最后我再替观众问两个问题。这两个问题涉及私人生活，刚才我们也已经说到孩子了。有一个观众称你为女强人，她说，女强人于丹老师，您的爱人生活上会有压力吗？

于丹：如果说我爱人有压力，那也不是因为现在才有的。从他决定娶我的时候起，他就应该有压力，因为我生活自理能力太差，所以他觉得一直对我负有责任。从那个时候到现在，这种压力没有多大改变。这个压力不会因为我后来成为这个或那个什么，再有所增加。

张越：你觉得现在的情况对他有困扰吗？

于丹：现在他顶多觉得我比过去更忙了，而且他跟我妈最担心的可能就是我的身体。除此之外，我估计没有什么压力，但是会有更多的心疼。

张越：下一个问题。请问于教授，听说您现在的工作安排很紧张，作为孩子的妈妈，丈夫的妻子，您如何处理您的工作和家庭生活之间的关系。

于丹：我现在的办法，就是把我的工作基本上像压缩饼干一样往一块儿压缩，别人觉得这一天压不出空，我可能会压出好多，这样压缩打包以后，再去腾出来一些比较完整和松散的时间，跟我的家人在一起。

对我来讲，这个时间表就是早上八点半我孩子出门以后我就可以密集地安排了，比较理想的情况就是我能够在晚饭前回去，孩子也回来了，而且我能陪妈妈吃顿饭，那么整个晚上的时间就会是自己的了。如果这还不行，退而求其次，那就争取在孩子睡觉之前能回去。尽量别让我两头见不着孩子，这是我一天时间表里面的底线。当然，这一天中间的时间，包括午饭的时候，都会被压得很满。

张越：时间不短了。现在我们用一个小朋友的问题，作为最后一个问题来结束今天的谈话。这个小朋友是这么说的，我看到你做讲座，觉得你说话的时候，嘴里面好像有两块糖，脸蛋鼓鼓的，好可爱哦。

于丹啊，你跟我们坦白，你是不是每次都在嘴里塞上两块糖？

于丹：我倒觉得嘴里不一定是含着两块糖，但是我希望我这一辈子心里头永远含着一块没有化尽的糖，一直在化，一直在化。

张越：感谢于丹教授跟我们交谈，也谢谢到场的各位观众和电视机前的观众朋友。2008 年春节期间，于丹教授将在《百家讲坛》开讲她的《〈论语〉感悟》，欢迎收看。好，谢谢于丹教授。

于丹：谢谢大家，新年快乐。

附录二

《论语》原文

学而篇第一

为政篇第二

八佾篇第三

里仁篇第四

公冶长篇第五

雍也篇第六

述而篇第七

泰伯篇第八

子罕篇第九

乡党篇第十

先进篇第十一

颜渊篇第十二

子路篇第十三

宪问篇第十四

卫灵公篇第十五

季氏篇第十六

阳货篇第十七

微子篇第十八

子张篇第十九

尧曰篇第二十

学而篇第一

1.1　子曰："学而时习之，不亦说乎？有朋自远方来，不亦乐乎？人不知而不愠，不亦君子乎？"

1.2　有子曰："其为人也孝弟，而好犯上者，鲜矣；不好犯上，而好作乱者，未之有也。君子务本，本立而道生。孝弟也者，其为仁之本与！"

1.3　子曰："巧言令色，鲜矣仁！"

1.4　曾子曰："吾日三省吾身：为人谋而不忠乎？与朋友交而不信乎？传不习乎？"

1.5　子曰："道千乘之国，敬事而信，节用而爱人，使民以时。"

1.6　子曰："弟子，入则孝，出则悌，谨而信，泛爱众，而亲仁。行有余力，则以学文。"

1.7　子夏曰："贤贤易色；事父母，能竭其力；事君，能致其身；与朋友交，言而有信。虽曰未学，吾必谓之学矣。"

1.8　子曰："君子不重，则不威，学则不固。主忠信，无友不如己者。过则勿惮改。"

1.9　曾子曰："慎终追远，民德归厚矣。"

1.10　子禽问于子贡曰："夫子至于是邦也，必闻其政，求之与？抑与之与？"子贡曰:“夫子温、良、恭、俭、让以得之。夫子之求之也,其诸异乎人之求之与?”

1.11　子曰:“父在,观其志;父没,观其行;三年无改于父之道,可谓孝矣。”

1.12　有子曰:“礼之用,和为贵。先王之道,斯为美;小大由之。有所不行,知和而和,不以礼节之,亦不可行也。”

1.13　有子曰:“信近于义,言可复也。恭近于礼,远耻辱也。因不失其亲,亦可宗也。”

1.14　子曰:“君子食无求饱,居无求安,敏于事而慎于言,就有道而正焉,可谓好学也已。”

1.15　子贡曰:“贫而无谄,富而无骄,何如?”子曰:“可也。未若贫而乐,富而好礼者也。”子贡曰:“《诗》云:‘如切如磋,如琢如磨’,其斯之谓与?”子曰:“赐也,始可与言《诗》已矣,告诸往而知来者。”

1.16　子曰:“不患人之不己知,患不知人也。”

为政篇第二

2.1　子曰:“为政以德,譬如北辰,居其所而众星共之。”

2.2　子曰:“《诗》三百,一言以蔽之,曰:‘思无邪。’”

2.3　子曰:“道之以政,齐之以刑,民免而无耻;道之以德,齐之以礼,有耻且格。”

2.4　子曰:“吾十有五而志于学,三十而立,四十而不惑,五十而知天命,六十而耳顺,七十而从心所欲,不逾矩。”

2.5　孟懿子问孝。子曰:“无违。”樊迟御,子告之曰:“孟孙问孝于我,我对曰:‘无违’。”樊迟曰:“何谓也?”子曰:“生,事之以礼;死,葬之以礼,祭之以礼。”

2.6　孟武伯问孝。子曰:“父母唯其疾之忧。”

2.7　子游问孝。子曰:“今之孝者,是谓能养。至于犬马,皆能有养;不敬,何以别乎?”

2.8 子夏问孝。子曰："色难。有事，弟子服其劳；有酒食，先生馔，曾是以为孝乎？"

2.9 子曰："吾与回言终日，不违，如愚。退而省其私，亦足以发，回也不愚。"

2.10 子曰："视其所以，观其所由，察其所安。人焉廋哉？人焉廋哉？"

2.11 子曰："温故而知新，可以为师矣。"

2.12 子曰："君子不器。"

2.13 子贡问君子。子曰："先行其言而后从之。"

2.14 子曰："君子周而不比，小人比而不周。"

2.15 子曰："学而不思则罔，思而不学则殆。"

2.16 子曰："攻乎异端，斯害也已。"

2.17 子曰："由！诲女知之乎！知之为知之，不知为不知，是知也。"

2.18 子张学干禄。子曰："多闻阙疑，慎言其余，则寡尤；多见阙殆，慎行其余，则寡悔。言寡尤，行寡悔，禄在其中矣。"

2.19 哀公问曰："何为则民服？"孔子对曰："举直错诸枉，则民服；举枉错诸直，则民不服。"

2.20 季康子问："使民敬、忠以劝，如之何？"子曰："临之以庄，则敬；孝慈，则忠；举善而教不能，则劝。"

2.21 或谓孔子曰："子奚不为政？"子曰："《书》云：'孝乎！惟孝，友于兄弟，施于有政。'是亦为政，奚其为为政？"

2.22 子曰："人而无信，不知其可也。大车无輗，小车无軏，其何以行之哉？"

2.23 子张问："十世可知也？"子曰："殷因于夏礼，所损益，可知也；周因于殷礼，所损益，可知也。其或继周者，虽百世，可知也。"

2.24 子曰："非其鬼而祭之，谄也。见义不为，无勇也。"

八佾篇第三

3.1 孔子谓季氏："八佾舞于庭，是可忍也，孰不可忍也？"

3.2　三家者以《雍》彻。子曰："'相维辟公，天子穆穆'，奚取于三家之堂？"

3.3　子曰："人而不仁，如礼何？人而不仁，如乐何？"

3.4　林放问礼之本。子曰："大哉问！礼，与其奢也，宁俭；丧，与其易也，宁戚。"

3.5　子曰："夷狄之有君，不如诸夏之亡也。"

3.6　季氏旅于泰山。子谓冉有曰："女弗能救与？"对曰："不能。"子曰："呜呼！曾谓泰山不如林放乎？"

3.7　子曰："君子无所争。必也射乎！揖让而升，下而饮。其争也君子。"

3.8　子夏问曰："'巧笑倩兮，美目盼兮，素以为绚兮。'何谓也？"子曰："绘事后素。"曰："礼后乎？"子曰："起予者商也！始可与言《诗》已矣。"

3.9　子曰："夏礼，吾能言之，杞不足征也；殷礼，吾能言之，宋不足征也。文献不足故也。足，则吾能征之矣。"

3.10　子曰："禘自既灌而往者，吾不欲观之矣。"

3.11　或问禘之说。子曰："不知也。知其说者之于天下也，其如示诸斯乎！"指其掌。

3.12　祭如在，祭神如神在。子曰："吾不与祭，如不祭。"

3.13　王孙贾问曰："与其媚于奥，宁媚于灶，何谓也？"子曰："不然。获罪于天，无所祷也。"

3.14　子曰："周监于二代，郁郁乎文哉！吾从周。"

3.15　子入太庙，每事问。或曰："孰谓鄹人之子知礼乎？入太庙，每事问。"子闻之，曰："是礼也。"

3.16　子曰："射不主皮，为力不同科，古之道也。"

3.17　子贡欲去告朔之饩羊。子曰："赐也！尔爱其羊，我爱其礼。"

3.18　子曰："事君尽礼，人以为谄也。"

3.19　定公问："君使臣，臣事君，如之何？"孔子对曰："君使臣以礼，臣事君以忠。"

3.20　子曰："《关雎》，乐而不淫，哀而不伤。"

3.21　哀公问社于宰我。宰我对曰："夏后氏以松，殷人以柏，周人以栗，曰，使民战栗。”子闻之，曰：“成事不说，遂事不谏，既往不咎。”

3.22　子曰：“管仲之器小哉！”或曰：“管仲俭乎？”曰：“管氏有三归，官事不摄，焉得俭？”“然则管仲知礼乎？”曰：“邦君树塞门，管氏亦树塞门。邦君为两君之好，有反坫，管氏亦有反坫。管氏而知礼，孰不知礼？”

3.23　子语鲁大师乐，曰：“乐其可知也：始作，翕如也；从之，纯如也，皦如也，绎如也，以成。”

3.24　仪封人请见，曰：“君子之至于斯也，吾未尝不得见也。”从者见之。出曰：“二三子何患于丧乎？天下之无道也久矣，天将以夫子为木铎。”

3.25　子谓《韶》：“尽美矣，又尽善也。”谓《武》：“尽美矣，未尽善也。”

3.26　子曰：“居上不宽，为礼不敬，临丧不哀，吾何以观之哉？”

里仁篇第四

4.1　子曰：“里仁为美。择不处仁，焉得知？”

4.2　子曰：“不仁者不可以久处约，不可以长处乐。仁者安仁，知者利仁。”

4.3　子曰：“唯仁者能好人，能恶人。”

4.4　子曰：“苟志于仁矣，无恶也。”

4.5　子曰：“富与贵，是人之所欲也；不以其道得之，不处也。贫与贱，是人之所恶也。不以其道得之，不去也。君子去仁，恶乎成名？君子无终食之间违仁，造次必于是，颠沛必于是。”

4.6　子曰：“我未见好仁者，恶不仁者。好仁者，无以尚之；恶不仁者，其为仁矣，不使不仁者加乎其身。有能一日用其力于仁矣乎？我未见力不足者。盖有之矣，我未之见也。”

4.7　子曰：“人之过也，各于其党。观过，斯知仁矣。”

4.8　子曰：“朝闻道，夕死可矣。”

4.9　子曰：“士志于道，而耻恶衣恶食者，未足与议也。”

4.10　子曰：“君子之于天下也，无适也，无莫也，义之与比。”

4.11 子曰："君子怀德，小人怀土；君子怀刑，小人怀惠。"

4.12 子曰："放于利而行，多怨。"

4.13 子曰："能以礼让为国乎？何有？不能以礼让为国，如礼何？"

4.14 子曰："不患无位，患所以立。不患莫己知，求为可知也。"

4.15 子曰："参乎！吾道一以贯之。"曾子曰："唯。"子出，门人问曰："何谓也？"曾子曰："夫子之道，忠恕而已矣。"

4.16 子曰："君子喻于义，小人喻于利。"

4.17 子曰："见贤思齐焉，见不贤而内自省也。"

4.18 子曰："事父母几谏，见志不从，又敬不违，劳而不怨。"

4.19 子曰："父母在，不远游，游必有方。"

4.20 子曰："三年无改于父之道，可谓孝矣。"

4.21 子曰："父母之年，不可不知也。一则以喜，一则以惧。"

4.22 子曰："古者言之不出，耻躬之不逮也。"

4.23 子曰："以约失之者鲜矣！"

4.24 子曰："君子欲讷于言而敏于行。"

4.25 子曰："德不孤，必有邻。"

4.26 子游曰："事君数，斯辱矣；朋友数，斯疏矣。"

公冶长篇第五

5.1 子谓公冶长："可妻也。虽在缧绁之中，非其罪也。"以其子妻之。

5.2 子谓南容："邦有道，不废；邦无道，免于刑戮。"以其兄之子妻之。

5.3 子谓子贱："君子哉若人！鲁无君子者，斯焉取斯？"

5.4 子贡问曰："赐也何如？"子曰："女，器也。"曰："何器也？"曰："瑚琏也。"

5.5 或曰："雍也仁而不佞。"子曰："焉用佞？御人以口给，屡憎于人。不知其仁，焉用佞？"

5.6 子使漆雕开仕。对曰："吾斯之未能信。"子说。

5.7 子曰："道不行，乘桴浮于海。从我者，其由与？"子路闻之喜。子曰："由也好勇过我，无所取材。"

5.8 孟武伯问："子路仁乎？"子曰："不知也。"又问。子曰："由也，千乘之国，可使治其赋也，不知其仁也。""求也何如？"子曰："求也，千室之邑，百乘之家，可使为之宰也，不知其仁也。""赤也何如？"子曰："赤也，束带立于朝，可使与宾客言也，不知其仁也。"

5.9 子谓子贡曰："女与回也孰愈？"对曰："赐也何敢望回？回也闻一以知十，赐也闻一以知二。"子曰："弗如也；吾与女弗如也。"

5.10 宰予昼寝。子曰："朽木不可雕也，粪土之墙不可杇也；于予与何诛？"子曰："始吾于人也，听其言而信其行；今吾于人也，听其言而观其行。于予与改是。"

5.11 子曰："吾未见刚者。"或对曰："申枨。"子曰："枨也欲，焉得刚？"

5.12 子贡曰："我不欲人之加诸我也，吾亦欲无加诸人。"子曰："赐也，非尔所及也。"

5.13 子贡曰："夫子之文章，可得而闻也；夫子之言性与天道，不可得而闻也。"

5.14 子路有闻，未之能行，唯恐有闻。

5.15 子贡问曰："孔文子何以谓之'文'也？"子曰："敏而好学，不耻下问，是以谓之'文'也。"

5.16 子谓子产："有君子之道四焉：其行己也恭，其事上也敬，其养民也惠，其使民也义。"

5.17 子曰："晏平仲善与人交，久而敬之。"

5.18 子曰："臧文仲居蔡，山节藻棁，何如其知也？"

5.19 子张问曰："令尹子文三仕为令尹，无喜色；三已之，无愠色。旧令尹之政，必以告新令尹。何如？"子曰："忠矣。"曰："仁矣乎？"曰："未知。焉得仁？""崔子弑齐君，陈文子有马十乘，弃而违之。至于他邦，则曰：'犹吾大夫崔子也。'违之。之一邦，则又曰：'犹吾大夫崔子也。'违之。何如？"子曰："清矣。"曰："仁矣乎？"曰："未知。焉得仁？"

5.20 季文子三思而后行。子闻之，曰："再，斯可矣。"

5.21 子曰："宁武子，邦有道，则知；邦无道，则愚。其知可及也，其愚不可及也。"

5.22 子在陈，曰："归与！归与！吾党之小子狂简，斐然成章，不知所以裁之。"

5.23 子曰："伯夷、叔齐不念旧恶，怨是用希。"

5.24 子曰："孰谓微生高直？或乞醯焉，乞诸其邻而与之。"

5.25 子曰："巧言、令色、足恭，左丘明耻之，丘亦耻之。匿怨而友其人，左丘明耻之，丘亦耻之。"

5.26 颜渊、季路侍。子曰："盍各言尔志？"子路曰："愿车马衣轻裘与朋友共，敝之而无憾。"颜渊曰："愿无伐善，无施劳。"子路曰："愿闻子之志。"子曰："老者安之，朋友信之，少者怀之。"

5.27 子曰："已矣乎！吾未见能见其过而内自讼者也。"

5.28 子曰："十室之邑，必有忠信如丘者焉，不如丘之好学也。"

雍也篇第六

6.1 子曰："雍也可使南面。"

6.2 仲弓问子桑伯子。子曰："可也，简。"仲弓曰："居敬而行简，以临其民，不亦可乎？居简而行简，无乃大简乎？"子曰："雍之言然。"

6.3 哀公问："弟子孰为好学？"孔子对曰："有颜回者好学，不迁怒，不贰过。不幸短命死矣，今也则亡，未闻好学者也。"

6.4 子华使于齐，冉子为其母请粟。子曰："与之釜。"请益。曰："与之庾。"冉子与之粟五秉。子曰："赤之适齐也，乘肥马，衣轻裘。吾闻之也：君子周急不继富。"

6.5 原思为之宰，与之粟九百，辞。子曰："毋！以与尔邻里乡党乎！"

6.6 子谓仲弓曰："犁牛之子骍且角，虽欲勿用，山川其舍诸？"

6.7 子曰："回也，其心三月不违仁，其余则日月至焉而已矣。"

6.8 季康子问："仲由可使从政也与？"子曰："由也果，于从政乎何有？"曰：

“赐也可使从政也与？”曰：“赐也达，于从政乎何有？”曰：“求也可使从政也与？”曰：“求也艺，于从政乎何有？”

6.9 季氏使闵子骞为费宰。闵子骞曰：“善为我辞焉！如有复我者，则吾必在汶上矣。”

6.10 伯牛有疾，子问之，自牖执其手，曰：“亡之，命矣夫！斯人也而有斯疾也！斯人也而有斯疾也！”

6.11 子曰：“贤哉，回也！一箪食，一瓢饮，在陋巷，人不堪其忧，回也不改其乐。贤哉，回也！”

6.12 冉求曰：“非不说子之道，力不足也。”子曰：“力不足者，中道而废。今女画。”

6.13 子谓子夏曰：“女为君子儒！无为小人儒！”

6.14 子游为武城宰。子曰：“女得人焉耳乎？”曰：“有澹台灭明者，行不由径，非公事，未尝至于偃之室也。”

6.15 子曰：“孟之反不伐，奔而殿，将入门，策其马，曰：‘非敢后也，马不进也。’”

6.16 子曰：“不有祝鮀之佞，而有宋朝之美，难乎免于今之世矣！”

6.17 子曰：“谁能出不由户？何莫由斯道也？”

6.18 子曰：“质胜文则野，文胜质则史。文质彬彬，然后君子。”

6.19 子曰：“人之生也直，罔之生也幸而免。”

6.20 子曰：“知之者不如好之者，好之者不如乐之者。”

6.21 子曰：“中人以上，可以语上也；中人以下，不可以语上也。”

6.22 樊迟问知。子曰：“务民之义，敬鬼神而远之，可谓知矣。”问仁。曰：“仁者先难而后获，可谓仁矣。”

6.23 子曰：“知者乐水，仁者乐山。知者动，仁者静。知者乐，仁者寿。”

6.24 子曰：“齐一变，至于鲁；鲁一变，至于道。”

6.25 子曰：“觚不觚，觚哉！觚哉！”

6.26 宰我问曰：“仁者，虽告之曰：‘井有仁焉。’其从之也？”子曰：“何为其然也？君子可逝也，不可陷也；可欺也，不可罔也。”

6.27 子曰："君子博学于文，约之以礼，亦可以弗畔矣夫！"

6.28 子见南子，子路不说。夫子矢之曰："予所否者，天厌之！天厌之！"

6.29 子曰："中庸之为德也，其至矣乎！民鲜久矣。"

6.30 子贡曰："如有博施于民而能济众，何如？可谓仁乎？"子曰："何事于仁，必也圣乎！尧舜其犹病诸！夫仁者，己欲立而立人，己欲达而达人。能近取譬，可谓仁之方也已。"

述而篇第七

7.1 子曰："述而不作，信而好古，窃比于我老彭。"

7.2 子曰："默而识之，学而不厌，诲人不倦，何有于我哉？"

7.3 子曰："德之不修，学之不讲，闻义不能徙，不善不能改，是吾忧也。"

7.4 子之燕居，申申如也，夭夭如也。

7.5 子曰："甚矣吾衰也！久矣吾不复梦见周公。"

7.6 子曰："志于道，据于德，依于仁，游于艺。"

7.7 子曰："自行束脩以上，吾未尝无诲焉。"

7.8 子曰："不愤不启，不悱不发。举一隅不以三隅反，则不复也。"

7.9 子食于有丧者之侧，未尝饱也。

7.10 子于是日哭，则不歌。

7.11 子谓颜渊曰："用之则行，舍之则藏，惟我与尔有是夫！"子路曰："子行三军，则谁与？"子曰："暴虎冯河，死而无悔者，吾不与也。必也临事而惧，好谋而成者也。"

7.12 子曰："富而可求也，虽执鞭之士，吾亦为之。如不可求，从吾所好。"

7.13 子之所慎：齐、战、疾。

7.14 子在齐闻《韶》，三月不知肉味，曰："不图为乐之至于斯也。"

7.15 冉有曰："夫子为卫君乎？"子贡曰："诺，吾将问之。"入，曰："伯夷、叔齐何人也？"曰："古之贤人也。"曰："怨乎？"曰："求仁而得仁，又何怨？"出，曰："夫子不为也。"

7.16 子曰："饭疏食饮水，曲肱而枕之，乐亦在其中矣。不义而富且贵，于我如浮云。"

7.17 子曰："加我数年，五十以学《易》，可以无大过矣。"

7.18 子所雅言，《诗》、《书》、执礼，皆雅言也。

7.19 叶公问孔子于子路，子路不对。子曰："女奚不曰，其为人也，发愤忘食，乐以忘忧，不知老之将至云尔。"

7.20 子曰："我非生而知之者，好古，敏以求之者也。"

7.21 子不语怪、力、乱、神。

7.22 子曰："三人行，必有我师焉。择其善者而从之；其不善者而改之。"

7.23 子曰："天生德于予，桓魋其如予何？"

7.24 子曰："二三子以我为隐乎？吾无隐乎尔。吾无行而不与二三子者，是丘也。"

7.25 子以四教：文、行、忠、信。

7.26 子曰："圣人，吾不得而见之矣；得见君子者，斯可矣。"子曰："善人，吾不得而见之矣；得见有恒者，斯可矣。亡而为有，虚而为盈，约而为泰，难乎有恒矣。"

7.27 子钓而不纲，弋不射宿。

7.28 子曰："盖有不知而作之者，我无是也。多闻，择其善者而从之，多见而识之，知之次也。"

7.29 互乡难与言，童子见，门人惑。子曰："与其进也，不与其退也，唯何甚？人洁己以进，与其洁也，不保其往也。"

7.30 子曰："仁远乎哉？我欲仁，斯仁至矣。"

7.31 陈司败问："昭公知礼乎？"孔子曰："知礼。"孔子退，揖巫马期而进之，曰："吾闻君子不党，君子亦党乎？君取于吴，为同姓，谓之吴孟子。君而知礼，孰不知礼？"巫马期以告。子曰："丘也幸，苟有过，人必知之。"

7.32 子与人歌而善，必使反之，而后和之。

7.33 子曰："文，莫吾犹人也。躬行君子，则吾未之有得。"

7.34 子曰:“若圣与仁,则吾岂敢?抑为之不厌,诲人不倦,则可谓云尔已矣。”公西华曰:“正唯弟子不能学也。”

7.35 子疾病,子路请祷。子曰:“有诸?”子路对曰:“有之。《诔》曰:‘祷尔于上下神祇。’”子曰:“丘之祷久矣。”

7.36 子曰:“奢则不孙,俭则固。与其不孙也,宁固。”

7.37 子曰:“君子坦荡荡,小人长戚戚。”

7.38 子温而厉,威而不猛,恭而安。

泰伯篇第八

8.1 子曰:“泰伯,其可谓至德也已矣。三以天下让,民无得而称焉。”

8.2 子曰:“恭而无礼则劳,慎而无礼则葸,勇而无礼则乱,直而无礼则绞。君子笃于亲,则民兴于仁;故旧不遗,则民不偷。”

8.3 曾子有疾,召门弟子曰:“启予足!启予手!《诗》云:‘战战兢兢,如临深渊,如履薄冰。’而今而后,吾知免夫!小子!”

8.4 曾子有疾,孟敬子问之。曾子言曰:“鸟之将死,其鸣也哀;人之将死,其言也善。君子所贵乎道者三:动容貌,斯远暴慢矣;正颜色,斯近信矣;出辞气,斯远鄙倍矣。笾豆之事,则有司存。”

8.5 曾子曰:“以能问于不能,以多问于寡;有若无,实若虚,犯而不校;昔者吾友尝从事于斯矣。”

8.6 曾子曰:“可以托六尺之孤,可以寄百里之命,临大节而不可夺也。君子人与?君子人也。”

8.7 曾子曰:“士不可以不弘毅,任重而道远。仁以为己任,不亦重乎?死而后已,不亦远乎?”

8.8 子曰:“兴于《诗》,立于礼,成于乐。”

8.9 子曰:“民可使由之,不可使知之。”

8.10 子曰:“好勇疾贫,乱也。人而不仁,疾之已甚,乱也。”

8.11　子曰："如有周公之才之美，使骄且吝，其余不足观也已。"

8.12　子曰："三年学，不至于谷，不易得也。"

8.13　子曰："笃信好学，守死善道。危邦不入，乱邦不居。天下有道则见，无道则隐。邦有道，贫且贱焉，耻也。邦无道，富且贵焉，耻也。"

8.14　子曰："不在其位，不谋其政。"

8.15　子曰："师挚之始，《关雎》之乱，洋洋乎盈耳哉！"

8.16　子曰："狂而不直，侗而不愿，悾悾而不信，吾不知之矣。"

8.17　子曰："学如不及，犹恐失之。"

8.18　子曰："巍巍乎，舜、禹之有天下也，而不与焉！"

8.19　子曰："大哉尧之为君也！巍巍乎！唯天为大，唯尧则之。荡荡乎！民无能名焉。巍巍乎！其有成功也。焕乎！其有文章。"

8.20　舜有臣五人而天下治。武王曰："予有乱臣十人。"孔子曰："才难，不其然乎？唐、虞之际，于斯为盛。有妇人焉，九人而已。三分天下有其二，以服事殷。周之德，其可谓至德也已矣。"

8.21　子曰："禹，吾无间然矣。菲饮食，而致孝乎鬼神；恶衣服，而致美乎黻冕；卑宫室而尽力乎沟洫。禹，吾无间然矣。"

子罕篇第九

9.1　子罕言利与命与仁。

9.2　达巷党人曰："大哉孔子！博学而无所成名。"子闻之，谓门弟子曰："吾何执？执御乎？执射乎？吾执御矣。"

9.3　子曰："麻冕，礼也；今也纯，俭，吾从众。拜下，礼也；今拜乎上，泰也。虽违众，吾从下。"

9.4　子绝四：毋意，毋必，毋固，毋我。

9.5　子畏于匡，曰："文王既没，文不在兹乎？天之将丧斯文也，后死者不得与于斯文也；天之未丧斯文也，匡人其如予何？"

9.6 太宰问于子贡曰:“夫子圣者与?何其多能也?”子贡曰:“固天纵之将圣,又多能也。”子闻之,曰:“太宰知我乎?吾少也贱,故多能鄙事。君子多乎哉?不多也。”

9.7 牢曰:“子云:‘吾不试,故艺。’”

9.8 子曰:“吾有知乎哉?无知也。有鄙夫问于我,空空如也。我叩其两端而竭焉。”

9.9 子曰:“凤鸟不至,河不出图,吾已矣夫!”

9.10 子见齐衰者、冕衣裳者与瞽者,见之,虽少,必作;过之,必趋。

9.11 颜渊喟然叹曰:“仰之弥高,钻之弥坚。瞻之在前,忽焉在后。夫子循循然善诱人,博我以文,约我以礼,欲罢不能。既竭吾才,如有所立卓尔。虽欲从之,末由也已。”

9.12 子疾病,子路使门人为臣。病间。曰:“久矣哉,由之行诈也!无臣而为有臣。吾谁欺?欺天乎?且予与其死于臣之手也,无宁死于二三子之手乎。且予纵不得大葬,予死于道路乎?”

9.13 子贡曰:“有美玉于斯,韫椟而藏诸?求善贾而沽诸?”子曰:“沽之哉!沽之哉!我待贾者也。”

9.14 子欲居九夷。或曰:“陋,如之何?”子曰:“君子居之,何陋之有?”

9.15 子曰:“吾自卫反鲁,然后乐正,《雅》、《颂》各得其所。”

9.16 子曰:“出则事公卿,入则事父兄,丧事不敢不勉,不为酒困,何有于我哉?”

9.17 子在川上曰:“逝者如斯夫!不舍昼夜。”

9.18 子曰:“吾未见好德如好色者也。”

9.19 子曰:“譬如为山,未成一篑,止,吾止也。譬如平地,虽覆一篑,进,吾往也。”

9.20 子曰:“语之而不惰者,其回也与!”

9.21 子谓颜渊曰:“惜乎!吾见其进也,未见其止也。”

9.22 子曰:“苗而不秀者有矣夫!秀而不实者有矣夫!”

9.23 子曰:“后生可畏,焉知来者之不如今也?四十、五十而无闻焉,斯亦不足畏也已。”

9.24　子曰：“法语之言，能无从乎？改之为贵。巽与之言，能无说乎？绎之为贵。说而不绎，从而不改，吾末如之何也已矣。”

9.25　子曰：“主忠信，毋友不如己者，过则勿惮改。”

9.26　子曰：“三军可夺帅也，匹夫不可夺志也。”

9.27　子曰：“衣敝缊袍，与衣狐貉者立，而不耻者，其由也与？‘不忮不求，何用不臧？’”子路终身诵之。子曰：“是道也，何足以臧？”

9.28　子曰：“岁寒，然后知松柏之后凋也。”

9.29　子曰：“知者不惑，仁者不忧，勇者不惧。”

9.30　子曰：“可与共学，未可与适道；可与适道，未可与立；可与立，未可与权。”

9.31　“唐棣之华，偏其反而。岂不尔思？室是远而。”子曰：“未之思也，夫何远之有？”

乡党篇第十

10.1　孔子于乡党，恂恂如也，似不能言者。其在宗庙朝廷，便便言，唯谨尔。

10.2　朝，与下大夫言，侃侃如也；与上大夫言，訚訚如也。君在，踧踖如也，与与如也。

10.3　君召使摈，色勃如也，足躩如也。揖所与立，左右手，衣前后，襜如也。趋进，翼如也。宾退，必复命曰：“宾不顾矣。”

10.4　入公门，鞠躬如也，如不容。立不中门，行不履阈。过位，色勃如也，足躩如也，其言似不足者。摄齐升堂，鞠躬如也，屏气似不息者。出，降一等，逞颜色，怡怡如也。没阶，趋进，翼如也。复其位，踧踖如也。

10.5　执圭，鞠躬如也，如不胜。上如揖，下如授。勃如战色，足蹜蹜如有循。享礼，有容色。私觌，愉愉如也。

10.6　君子不以绀緅饰。红紫不以为亵服。当暑，袗絺绤，必表而出之。缁衣，羔裘;素衣,麑裘;黄衣,狐裘。亵裘长,短右袂。必有寝衣,长一身有半。狐貉之厚以居。去丧,无所不佩。非帷裳,必杀之。羔裘玄冠不以吊。吉月,必朝服而朝。

10.7 齐,必有明衣,布。齐必变食,居必迁坐。

10.8 食不厌精,脍不厌细。食饐而餲,鱼馁而肉败,不食。色恶,不食。臭恶,不食。失饪,不食。不时,不食。割不正,不食。不得其酱,不食。肉虽多,不使胜食气。唯酒无量,不及乱。沽酒市脯不食。不撤姜食,不多食。

10.9 祭于公,不宿肉。祭肉不出三日。出三日,不食之矣。

10.10 食不语,寝不言。

10.11 虽疏食菜羹,必祭,必齐如也。

10.12 席不正,不坐。

10.13 乡人饮酒,杖者出,斯出矣。

10.14 乡人傩,朝服而立于阼阶。

10.15 问人于他邦,再拜而送之。

10.16 康子馈药,拜而受之。曰:“丘未达,不敢尝。”

10.17 厩焚。子退朝,曰:“伤人乎?”不问马。

10.18 君赐食,必正席先尝之。君赐腥,必熟而荐之。君赐生,必畜之。侍食于君,君祭,先饭。

10.19 疾,君视之,东首,加朝服,拖绅。

10.20 君命召,不俟驾行矣。

10.21 入太庙,每事问。

10.22 朋友死,无所归,曰:“于我殡。”

10.23 朋友之馈,虽车马,非祭肉,不拜。

10.24 寝不尸,居不客。

10.25 见齐衰者,虽狎,必变。见冕者与瞽者,虽亵,必以貌。凶服者式之,式负版者。有盛馔,必变色而作。迅雷风烈,必变。

10.26 升车,必正立,执绥。车中,不内顾,不疾言,不亲指。

10.27 色斯举矣,翔而后集。曰:“山梁雌雉,时哉时哉!”子路共之,三嗅而作。

先进篇第十一

11.1　子曰："先进于礼乐，野人也；后进于礼乐，君子也。如用之，则吾从先进。"

11.2　子曰："从我于陈、蔡者，皆不及门也。"

11.3　德行：颜渊、闵子骞、冉伯牛、仲弓。言语：宰我、子贡。政事：冉有、季路。文学：子游、子夏。

11.4　子曰："回也非助我者也，于吾言无所不说。"

11.5　子曰："孝哉闵子骞！人不间于其父母昆弟之言。"

11.6　南容三复白圭，孔子以其兄之子妻之。

11.7　季康子问："弟子孰为好学？"孔子对曰："有颜回者好学，不幸短命死矣！今也则亡。"

11.8　颜渊死，颜路请子之车以为之椁。子曰："才不才，亦各言其子也。鲤也死，有棺而无椁。吾不徒行以为之椁。以吾从大夫之后，不可徒行也。"

11.9　颜渊死。子曰："噫！天丧予！天丧予！"

11.10　颜渊死，子哭之恸。从者曰："子恸矣！"曰："有恸乎？非夫人之为恸而谁为？"

11.11　颜渊死，门人欲厚葬之。子曰："不可。"门人厚葬之。子曰："回也视予犹父也，予不得视犹子也。非我也，夫二三子也。"

11.12　季路问事鬼神。子曰："未能事人，焉能事鬼？"曰："敢问死。"曰："未知生，焉知死？"

11.13　闵子侍侧，訚訚如也；子路，行行如也；冉有、子贡，侃侃如也。子乐。"若由也，不得其死然。"

11.14　鲁人为长府。闵子骞曰："仍旧贯，如之何？何必改作？"子曰："夫人不言，言必有中。"

11.15　子曰："由之瑟奚为于丘之门？"门人不敬子路。子曰："由也升堂矣，未入于室也。"

11.16　子贡问："师与商也孰贤？"子曰："师也过，商也不及。"曰："然则师愈与？"子曰："过犹不及。"

11.17　季氏富于周公，而求也为之聚敛而附益之。子曰：“非吾徒也。小子鸣鼓而攻之，可也。”

11.18　柴也愚，参也鲁，师也辟，由也喭。

11.19　子曰：“回也其庶乎，屡空。赐不受命，而货殖焉，亿则屡中。”

11.20　子张问善人之道。子曰：“不践迹，亦不入于室。”

11.21　子曰：“论笃是与，君子者乎？色庄者乎？”

11.22　子路问：闻斯行诸？子曰：“有父兄在，如之何其闻斯行之？”冉有问：“闻斯行诸？”子曰：“闻斯行之。”公西华曰：“由也问‘闻斯行诸’，子曰，‘有父兄在’；求也问‘闻斯行诸’，子曰，‘闻斯行之’。赤也惑，敢问。”子曰：“求也退，故进之；由也兼人，故退之。”

11.23　子畏于匡，颜渊后。子曰：“吾以女为死矣。”曰：“子在，回何敢死？”

11.24　季子然问：“仲由、冉求可谓大臣与？”子曰：“吾以子为异之问，曾由与求之问。所谓大臣者，以道事君，不可则止。今由与求也，可谓具臣矣。”曰：“然则从之者与？”子曰：“弑父与君，亦不从也。”

11.25　子路使子羔为费宰。子曰：“贼夫人之子。”子路曰：“有民人焉，有社稷焉，何必读书，然后为学？”子曰：“是故恶夫佞者。”

11.26　子路、曾皙、冉有、公西华侍坐。子曰：“以吾一日长乎尔，毋吾以也。居则曰：‘不吾知也！’如或知尔，则何以哉？”子路率尔而对曰：“千乘之国，摄乎大国之间，加之以师旅，因之以饥馑；由也为之，比及三年，可使有勇，且知方也。”夫子哂之。“求！尔何如？”对曰：“方六七十，如五六十，求也为之，比及三年，可使足民。如其礼乐，以俟君子。”“赤！尔何如？”对曰：“非曰能之，愿学焉。宗庙之事，如会同，端章甫，愿为小相焉。”“点！尔何如？”鼓瑟希，铿尔，舍瑟而作，对曰：“异乎三子者之撰。”子曰：“何伤乎？亦各言其志也。”曰：“莫春者，春服既成，冠者五六人，童子六七人，浴乎沂，风乎舞雩，咏而归。”夫子喟然叹曰：“吾与点也！”三子者出，曾皙后。曾皙曰：“夫三子者之言何如？”子曰：“亦各言其志也已矣。”曰：“夫子何哂由也？”曰：“为国以礼，其言不让，是故哂之。”“唯求则非邦也与？”“安见方六七十如五六十而非邦也者？”“唯赤则非邦也与？”“宗庙会同，非诸侯而何？赤也为之小，孰能为之大？”

颜渊篇第十二

12.1 颜渊问仁。子曰："克己复礼为仁。一日克己复礼，天下归仁焉。为仁由己，而由人乎哉？"颜渊曰："请问其目。"子曰："非礼勿视，非礼勿听，非礼勿言，非礼勿动。"颜渊曰："回虽不敏，请事斯语矣。"

12.2 仲弓问仁。子曰："出门如见大宾，使民如承大祭。己所不欲，勿施于人。在邦无怨，在家无怨。"仲弓曰："雍虽不敏，请事斯语矣。"

12.3 司马牛问仁。子曰："仁者，其言也讱。"曰："其言也讱，斯谓之仁已乎？"子曰："为之难，言之得无讱乎？"

12.4 司马牛问君子。子曰："君子不忧不惧。"曰："不忧不惧，斯谓之君子已乎？"子曰："内省不疚，夫何忧何惧？"

12.5 司马牛忧曰："人皆有兄弟，我独亡。"子夏曰："商闻之矣：死生有命，富贵在天。君子敬而无失，与人恭而有礼，四海之内皆兄弟也。君子何患乎无兄弟也？"

12.6 子张问明。子曰："浸润之谮，肤受之愬，不行焉，可谓明也已矣。浸润之谮，肤受之愬，不行焉，可谓远也已矣。"

12.7 子贡问政。子曰："足食，足兵，民信之矣。"子贡曰："必不得已而去，于斯三者何先？"曰："去兵。"子贡曰："必不得已而去，于斯二者何先？"曰："去食。自古皆有死，民无信不立。"

12.8 棘子成曰："君子质而已矣，何以文为？"子贡曰："惜乎，夫子之说君子也！驷不及舌。文犹质也，质犹文也。虎豹之鞟犹犬羊之鞟。"

12.9 哀公问于有若曰："年饥，用不足，如之何？"有若对曰："盍彻乎？"曰："二，吾犹不足，如之何其彻也？"对曰："百姓足，君孰与不足？百姓不足，君孰与足？"

12.10 子张问崇德辨惑。子曰："主忠信，徙义，崇德也。爱之欲其生，恶之欲其死。既欲其生，又欲其死，是惑也。'诚不以富，亦只以异。'"

12.11 齐景公问政于孔子。孔子对曰："君君，臣臣，父父，子子。"公曰："善哉！信如君不君，臣不臣，父不父，子不子，虽有粟，吾得而食诸？"

12.12 子曰："片言可以折狱者，其由也与？"子路无宿诺。

12.13 子曰："听讼，吾犹人也。必也使无讼乎。"

12.14 子张问政。子曰："居之无倦，行之以忠。"

12.15 子曰："博学于文，约之以礼，亦可以弗畔矣夫！"

12.16 子曰："君子成人之美，不成人之恶。小人反是。"

12.17 季康子问政于孔子。孔子对曰："政者，正也。子帅以正，孰敢不正？"

12.18 季康子患盗，问于孔子。孔子对曰："苟子之不欲，虽赏之不窃。"

12.19 季康子问政于孔子曰："如杀无道，以就有道，何如？"孔子对曰："子为政，焉用杀？子欲善而民善矣。君子之德风，小人之德草。草上之风，必偃。"

12.20 子张问："士何如斯可谓之达矣？"子曰："何哉，尔所谓达者？"子张对曰："在邦必闻，在家必闻。"子曰："是闻也，非达也。夫达也者，质直而好义，察言而观色，虑以下人。在邦必达，在家必达。夫闻也者，色取仁而行违，居之不疑。在邦必闻，在家必闻。"

12.21 樊迟从游于舞雩之下，曰："敢问崇德，修慝，辨惑。"子曰："善哉问！先事后得，非崇德与？攻其恶，无攻人之恶，非修慝与？一朝之忿，忘其身，以及其亲，非惑与？"

12.22 樊迟问仁。子曰："爱人。"问知。子曰："知人。"樊迟未达。子曰："举直错诸枉，能使枉者直。"樊迟退，见子夏曰："乡也吾见于夫子而问知，子曰，'举直错诸枉，能使枉者直'，何谓也？"子夏曰："富哉言乎！舜有天下，选于众，举皋陶，不仁者远矣。汤有天下，选于众，举伊尹，不仁者远矣。"

12.23 子贡问友。子曰："忠告而善道之，不可则止，毋自辱焉。"

12.24 曾子曰："君子以文会友，以友辅仁。"

子路篇第十三

13.1 子路问政。子曰："先之劳之。"请益。曰："无倦。"

13.2 仲弓为季氏宰，问政。子曰："先有司，赦小过，举贤才。"曰："焉知贤才而举之？"子曰："举尔所知；尔所不知，人其舍诸？"

13.3　子路曰："卫君待子而为政，子将奚先？"子曰："必也正名乎！"子路曰："有是哉，子之迂也！奚其正？"子曰："野哉，由也！君子于其所不知，盖阙如也。名不正，则言不顺；言不顺，则事不成；事不成，则礼乐不兴；礼乐不兴，则刑罚不中；刑罚不中，则民无所措手足。故君子名之必可言也，言之必可行也。君子于其言，无所苟而已矣。"

13.4　樊迟请学稼。子曰："吾不如老农。"请学为圃。曰："吾不如老圃。"

樊迟出。子曰："小人哉，樊须也！上好礼，则民莫敢不敬；上好义，则民莫敢不服；上好信，则民莫敢不用情。夫如是，则四方之民襁负其子而至矣，焉用稼？"

13.5　子曰："诵《诗》三百，授之以政，不达；使于四方，不能专对；虽多，亦奚以为？"

13.6　子曰："其身正，不令而行；其身不正，虽令不从。"

13.7　子曰："鲁卫之政，兄弟也。"

13.8　子谓卫公子荆："善居室。始有，曰：'苟合矣。'少有，曰：'苟完矣。'富有，曰：'苟美矣。'"

13.9　子适卫，冉有仆。子曰："庶矣哉！"冉有曰："既庶矣，又何加焉？"曰："富之。"曰："既富矣，又何加焉？"曰："教之。"

13.10　子曰："苟有用我者，期月而已可也，三年有成。"

13.11　子曰："'善人为邦百年，亦可以胜残去杀矣。'诚哉是言也！"

13.12　子曰："如有王者，必世而后仁。"

13.13　子曰："苟正其身矣，于从政乎何有？不能正其身，如正人何？"

13.14　冉子退朝。子曰："何晏也？"对曰："有政。"子曰："其事也。如有政，虽不吾以，吾其与闻之。"

13.15　定公问："一言而可以兴邦，有诸？"孔子对曰："言不可以若是其几也。人之言曰：'为君难，为臣不易。'如知为君之难也，不几乎一言而兴邦乎？"曰："一言而丧邦，有诸？"孔子对曰："言不可以若是其几也。人之言曰：'予无乐乎为君，唯其言而莫予违也。'如其善而莫之违也，不亦善乎？如不善而莫之违也，不几乎一言而丧邦乎？"

13.16　叶公问政。子曰："近者说，远者来。"

13.17 子夏为莒父宰，问政。子曰："无欲速，无见小利。欲速，则不达；见小利，则大事不成。"

13.18 叶公语孔子曰："吾党有直躬者，其父攘羊，而子证之。"孔子曰："吾党之直者异于是，父为子隐，子为父隐。直在其中矣。"

13.19 樊迟问仁。子曰："居处恭，执事敬，与人忠。虽之夷狄，不可弃也。"

13.20 子贡问曰："何如斯可谓之士矣？"子曰："行己有耻，使于四方，不辱君命，可谓士矣。"曰："敢问其次。"曰："宗族称孝焉，乡党称弟焉。"曰："敢问其次。"曰："言必信，行必果，硁硁然小人哉！——抑亦可以为次矣。"曰："今之从政者何如？"子曰："噫！斗筲之人，何足算也？"

13.21 子曰："不得中行而与之，必也狂狷乎。狂者进取，狷者有所不为也。"

13.22 子曰："南人有言曰：'人而无恒，不可以作巫医。'善夫！""不恒其德，或承之羞。"子曰："不占而已矣。"

13.23 子曰："君子和而不同，小人同而不和。"

13.24 子贡问曰："乡人皆好之，何如？"子曰："未可也。""乡人皆恶之，何如？"子曰："未可也。不如乡人之善者好之，其不善者恶之。"

13.25 子曰："君子易事而难说也。说之不以道，不说也；及其使人也，器之。小人难事而易说也。说之虽不以道，说也；及其使人也，求备焉。"

13.26 子曰："君子泰而不骄，小人骄而不泰。"

13.27 子曰："刚、毅、木、讷近仁。"

13.28 子路问曰："何如斯可谓之士矣？"子曰："切切偲偲，怡怡如也，可谓士矣。朋友切切偲偲，兄弟怡怡。"

13.29 子曰："善人教民七年，亦可以即戎矣。"

13.30 子曰："以不教民战，是谓弃之。"

宪问篇第十四

14.1 宪问耻。子曰："邦有道，谷；邦无道，谷，耻也。""克、伐、怨、欲不行焉，可以为仁矣？”子曰：“可以为难矣，仁则吾不知也。”

14.2　子曰：“士而怀居，不足以为士矣。”

14.3　子曰：“邦有道，危言危行；邦无道，危行言孙。”

14.4　子曰：“有德者必有言，有言者不必有德。仁者必有勇，勇者不必有仁。”

14.5　南宫适问于孔子曰：“羿善射，奡荡舟，俱不得其死然。禹、稷躬稼而有天下。”夫子不答。南宫适出，子曰：“君子哉若人！尚德哉若人！”

14.6　子曰：“君子而不仁者有矣夫，未有小人而仁者也。”

14.7　子曰：“爱之，能勿劳乎？忠焉，能勿诲乎？”

14.8　子曰：“为命，裨谌草创之，世叔讨论之，行人子羽修饰之，东里子产润色之。”

14.9　或问子产。子曰：“惠人也。”问子西。曰：“彼哉！彼哉！”问管仲。曰：“人也。夺伯氏骈邑三百，饭疏食，没齿无怨言。”

14.10　子曰：“贫而无怨难，富而无骄易。”

14.11　子曰：“孟公绰为赵魏老则优，不可以为滕薛大夫。”

14.12　子路问成人。子曰：“若臧武仲之知，公绰之不欲，卞庄子之勇，冉求之艺，文之以礼乐，亦可以为成人矣。”曰：“今之成人者何必然？见利思义，见危授命，久要不忘平生之言，亦可以为成人矣。”

14.13　子问公叔文子于公明贾曰：“信乎，夫子不言，不笑，不取乎？”公明贾对曰：“以告者过也。夫子时然后言，人不厌其言；乐然后笑，人不厌其笑；义然后取，人不厌其取。”子曰：“其然？岂其然乎？”

14.14　子曰：“臧武仲以防求为后于鲁，虽曰不要君，吾不信也。”

14.15　子曰：“晋文公谲而不正，齐桓公正而不谲。”

14.16　子路曰：“桓公杀公子纠，召忽死之，管仲不死。”曰：“未仁乎？”子曰：“桓公九合诸侯，不以兵车，管仲之力也。如其仁，如其仁。”

14.17　子贡曰：“管仲非仁者与？桓公杀公子纠，不能死，又相之。”子曰：“管仲相桓公，霸诸侯，一匡天下，民到于今受其赐。微管仲，吾其被发左衽矣。岂若匹夫匹妇之为谅也，自经于沟渎而莫之知也？”

14.18　公叔文子之臣大夫僎与文子同升诸公。子闻之曰：“可以为‘文’矣。”

14.19 子言卫灵公之无道也，康子曰："夫如是，奚而不丧？"孔子曰："仲叔圉治宾客，祝鮀治宗庙，王孙贾治军旅。夫如是，奚其丧？"

14.20 子曰："其言之不怍，则为之也难。"

14.21 陈成子弑简公。孔子沐浴而朝，告于哀公曰："陈恒弑其君，请讨之。"公曰："告夫三子！"孔子曰："以吾从大夫之后，不敢不告也。君曰'告夫三子'者！"之三子告，不可。孔子曰："以吾从大夫之后，不敢不告也。"

14.22 子路问事君。子曰："勿欺也，而犯之。"

14.23 子曰："君子上达，小人下达。"

14.24 子曰："古之学者为己，今之学者为人。"

14.25 蘧伯玉使人于孔子。孔子与之坐而问焉，曰："夫子何为？"对曰："夫子欲寡其过而未能也。"使者出。子曰："使乎！使乎！"

14.26 子曰："不在其位，不谋其政。"曾子曰："君子思不出其位。"

14.27 子曰："君子耻其言之过其行。"

14.28 子曰："君子道者三，我无能焉：仁者不忧，知者不惑，勇者不惧。"子贡曰："夫子自道也。"

14.29 子贡方人。子曰："赐也贤乎哉？夫我则不暇。"

14.30 子曰："不患人之不己知，患其不能也。"

14.31 子曰："不逆诈，不亿不信，抑亦先觉者，是贤乎！"

14.32 微生亩谓孔子曰："丘何为是栖栖者与？无乃为佞乎？"孔子曰："非敢为佞也，疾固也。"

14.33 子曰："骥不称其力，称其德也。"

14.34 或曰："以德报怨，何如？"子曰："何以报德？以直报怨，以德报德。"

14.35 子曰："莫我知也夫！"子贡曰："何为其莫知子也？"子曰："不怨天，不尤人，下学而上达。知我者其天乎！"

14.36 公伯寮愬子路于季孙。子服景伯以告，曰："夫子固有惑志于公伯寮，吾力犹能肆诸市朝。"子曰："道之将行也与，命也。道之将废也与，命也。公伯寮其如命何！"

14.37 子曰："贤者辟世，其次辟地，其次辟色，其次辟言。"子曰："作者七人矣。”

14.38 子路宿于石门。晨门曰：“奚自？”子路曰：“自孔氏。”曰：“是知其不可而为之者与？”

14.39 子击磬于卫，有荷蒉而过孔氏之门者，曰：“有心哉，击磬乎！”既而曰：“鄙哉！硁硁乎！莫己知也，斯己而已矣。深则厉，浅则揭。”子曰：“果哉！末之难矣。”

14.40 子张曰：“《书》云：‘高宗谅阴，三年不言。’何谓也？”子曰：“何必高宗，古之人皆然。君薨，百官总己以听于冢宰三年。”

14.41 子曰：“上好礼，则民易使也。”

14.42 子路问君子。子曰：“修己以敬。”曰：“如斯而已乎？”曰：“修己以安人。”曰：“如斯而已乎？”曰：“修己以安百姓。修己以安百姓，尧舜其犹病诸。”

14.43 原壤夷俟。子曰：“幼而不孙弟，长而无述焉，老而不死，是为贼。”以杖叩其胫。

14.44 阙党童子将命，或问之曰：“益者与？”子曰：“吾见其居于位也，见其与先生并行也。非求益者也，欲速成者也。”

卫灵公篇第十五

15.1 卫灵公问陈于孔子。孔子对曰：“俎豆之事，则尝闻之矣；军旅之事，未之学也。”明日遂行。

15.2 在陈绝粮，从者病，莫能兴。子路愠见曰：“君子亦有穷乎？”子曰：“君子固穷，小人穷斯滥矣。”

15.3 子曰：“赐也，女以予为多学而识之者与？”对曰：“然。非与？”曰：“非也，予一以贯之。”

15.4 子曰：“由！知德者鲜矣。”

15.5 子曰：“无为而治者其舜也与？夫何为哉？恭己正南面而已矣。”

15.6 子张问行。子曰：“言忠信，行笃敬，虽蛮貊之邦，行矣。言不忠信，行不笃敬，虽州里，行乎哉？立则见其参于前也，在舆则见其倚于衡也，夫然后行。”

子张书诸绅。

15.7 子曰："直哉史鱼！邦有道，如矢；邦无道，如矢。君子哉蘧伯玉！邦有道，则仕；邦无道，则可卷而怀之。"

15.8 子曰："可与言而不与之言，失人；不可与言而与之言，失言。知者不失人，亦不失言。"

15.9 子曰："志士仁人，无求生以害仁，有杀身以成仁。"

15.10 子贡问为仁。子曰："工欲善其事，必先利其器。居是邦也，事其大夫之贤者，友其士之仁者。"

15.11 颜渊问为邦。子曰："行夏之时，乘殷之辂，服周之冕，乐则《韶》、《舞》。放郑声，远佞人。郑声淫，佞人殆。"

15.12 子曰："人无远虑，必有近忧。"

15.13 子曰："已矣乎！吾未见好德如好色者也。"

15.14 子曰："臧文仲其窃位者与！知柳下惠之贤而不与立也。"

15.15 子曰："躬自厚而薄责于人，则远怨矣。"

15.16 子曰："不曰'如之何，如之何'者，吾末如之何也已矣。"

15.17 子曰："群居终日，言不及义，好行小慧，难矣哉！"

15.18 子曰："君子义以为质，礼以行之，孙以出之，信以成之。君子哉！"

15.19 子曰："君子病无能焉，不病人之不己知也。"

15.20 子曰："君子疾没世而名不称焉。"

15.21 子曰："君子求诸己，小人求诸人。"

15.22 子曰："君子矜而不争，群而不党。"

15.23 子曰："君子不以言举人，不以人废言。"

15.24 子贡问曰："有一言而可以终身行之者乎？"子曰："其恕乎！己所不欲，勿施于人。"

15.25 子曰："吾之于人也，谁毁谁誉？如有所誉者，其有所试矣。斯民也，三代之所以直道而行也。"

15.26 子曰："吾犹及史之阙文也。有马者借人乘之，今亡矣夫！"

15.27 子曰："巧言乱德。小不忍，则乱大谋。"

15.28 子曰："众恶之，必察焉；众好之，必察焉。"

15.29 子曰："人能弘道，非道弘人。"

15.30 子曰："过而不改，是谓过矣。"

15.31 子曰："吾尝终日不食，终夜不寝，以思，无益，不如学也。"

15.32 子曰："君子谋道不谋食。耕也，馁在其中矣；学也，禄在其中矣。君子忧道不忧贫。"

15.33 子曰："知及之，仁不能守之，虽得之，必失之。知及之，仁能守之，不庄以莅之，则民不敬。知及之，仁能守之，庄以莅之，动之不以礼，未善也。"

15.34 子曰："君子不可小知而可大受也，小人不可大受而可小知也。"

15.35 子曰："民之于仁也，甚于水火。水火，吾见蹈而死者矣，未见蹈仁而死者也。"

15.36 子曰："当仁，不让于师。"

15.37 子曰："君子贞而不谅。"

15.38 子曰："事君，敬其事而后其食。"

15.39 子曰："有教无类。"

15.40 子曰："道不同，不相为谋。"

15.41 子曰："辞达而已矣。"

15.42 师冕见，及阶，子曰："阶也。"及席，子曰："席也。"皆坐，子告之曰："某在斯，某在斯。"师冕出。子张问曰："与师言之道与？"子曰："然。固相师之道也。"

季氏篇第十六

16.1 季氏将伐颛臾。冉有、季路见于孔子曰："季氏将有事于颛臾。"孔子曰："求！无乃尔是过与？夫颛臾，昔者先王以为东蒙主，且在邦域之中矣，是社稷之臣也。何以伐为？"冉有曰："夫子欲之，吾二臣者皆不欲也。"孔子曰："求！周任有言曰：'陈力就列，不能者止。'危而不持，颠而不扶，则将焉用彼相矣？且尔言过矣。

虎兕出于柙，龟玉毁于椟中，是谁之过与？”冉有曰：“今夫颛臾，固而近于费。今不取，后世必为子孙忧。”孔子曰：“求！君子疾夫舍曰欲之而必为之辞。丘也闻有国有家者，不患寡而患不均，不患贫而患不安。盖均无贫，和无寡，安无倾。夫如是，故远人不服，则修文德以来之。既来之，则安之。今由与求也，相夫子，远人不服，而不能来也；邦分崩离析，而不能守也；而谋动干戈于邦内。吾恐季孙之忧，不在颛臾，而在萧墙之内也。”

16.2 孔子曰：“天下有道，则礼乐征伐自天子出；天下无道，则礼乐征伐自诸侯出。自诸侯出，盖十世希不失矣；自大夫出，五世希不失矣；陪臣执国命，三世希不失矣。天下有道，则政不在大夫。天下有道，则庶人不议。”

16.3 孔子曰：“禄之去公室五世矣，政逮于大夫四世矣，故夫三桓之子孙微矣。”

16.4 孔子曰：“益者三友，损者三友。友直，友谅，友多闻，益矣。友便辟，友善柔，友便佞，损矣。”

16.5 孔子曰：“益者三乐，损者三乐。乐节礼乐，乐道人之善，乐多贤友，益矣。乐骄乐，乐佚游，乐宴乐，损矣。”

16.6 孔子曰：“侍于君子有三愆：言未及之而言谓之躁，言及之而不言谓之隐，未见颜色而言谓之瞽。”

16.7 孔子曰：“君子有三戒：少之时，血气未定，戒之在色；及其壮也，血气方刚，戒之在斗；及其老也，血气既衰，戒之在得。”

16.8 孔子曰：“君子有三畏：畏天命，畏大人，畏圣人之言。小人不知天命而不畏也，狎大人，侮圣人之言。”

16.9 孔子曰：“生而知之者，上也；学而知之者，次也；困而学之，又其次也；困而不学，民斯为下矣。”

16.10 孔子曰：“君子有九思：视思明，听思聪，色思温，貌思恭，言思忠，事思敬，疑思问，忿思难，见得思义。”

16.11 孔子曰：“见善如不及，见不善如探汤。吾见其人矣，吾闻其语矣。隐居以求其志，行义以达其道。吾闻其语矣，未见其人也。”

16.12 齐景公有马千驷，死之日，民无德而称焉。伯夷叔齐饿于首阳之下，民到于今称之。其斯之谓与？

16.13　陈亢问于伯鱼曰："子亦有异闻乎？"对曰："未也。尝独立，鲤趋而过庭。曰：'学《诗》乎？'对曰：'未也。''不学《诗》，无以言。'鲤退而学《诗》。他日又独立，鲤趋而过庭。曰：'学礼乎？'对曰：'未也。''不学礼，无以立。'鲤退而学礼。"闻斯二者。陈亢退而喜曰："问一得三，闻《诗》，闻礼，又闻君子之远其子也。"

16.14　邦君之妻，君称之曰夫人，夫人自称曰小童；邦人称之曰君夫人，称诸异邦曰寡小君；异邦人称之亦曰君夫人。

阳货篇第十七

17.1　阳货欲见孔子，孔子不见，归孔子豚。孔子时其亡也，而往拜之。遇诸涂。

谓孔子曰："来！予与尔言。"曰："怀其宝而迷其邦，可谓仁乎？"曰："不可。""好从事而亟失时，可谓知乎？"曰："不可。""日月逝矣，岁不我与。"孔子曰："诺。吾将仕矣。"

17.2　子曰："性相近也，习相远也。"

17.3　子曰："唯上知与下愚不移。"

17.4　子之武城，闻弦歌之声。夫子莞尔而笑，曰："割鸡焉用牛刀？"子游对曰："昔者偃也闻诸夫子曰：'君子学道则爱人，小人学道则易使也。'"子曰："二三子！偃之言是也。前言戏之耳。"

17.5　公山弗扰以费畔，召，子欲往。子路不说，曰："末之也，已，何必公山氏之之也？"子曰："夫召我者，而岂徒哉？如有用我者，吾其为东周乎？"

17.6　子张问仁于孔子。孔子曰："能行五者于天下，为仁矣。""请问之。"曰："恭宽信敏惠。恭则不侮，宽则得众，信则人任焉，敏则有功，惠则足以使人。"

17.7　佛肸召，子欲往。子路曰："昔者由也闻诸夫子曰：'亲于其身为不善者，君子不入也。'佛肸以中牟畔，子之往也，如之何？"子曰："然。有是言也。不曰坚乎，磨而不磷；不曰白乎，涅而不缁。吾岂匏瓜也哉？焉能系而不食？"

17.8　子曰："由也！女闻六言六蔽矣乎？"对曰："未也。""居！吾语女。好仁不好学，其蔽也愚；好知不好学，其蔽也荡；好信不好学，其蔽也贼；好直不好学，其蔽也绞；好勇不好学，其蔽也乱；好刚不好学，其蔽也狂。”

17.9　子曰：“小子何莫学夫《诗》？诗，可以兴，可以观，可以群，可以怨。迩之事父，远之事君；多识于鸟兽草木之名。”

17.10　子谓伯鱼曰：“女为《周南》、《召南》矣乎？人而不为《周南》、《召南》，其犹正墙面而立也与？”

17.11　子曰：“礼云礼云，玉帛云乎哉？乐云乐云，钟鼓云乎哉？”

17.12　子曰：“色厉而内荏，譬诸小人，其犹穿窬之盗也与？”

17.13　子曰：“乡原，德之贼也。”

17.14　子曰：“道听而途说，德之弃也。”

17.15　子曰：“鄙夫可与事君也与哉？其未得之也，患得之。既得之，患失之。苟患失之，无所不至矣。”

17.16　子曰：“古者民有三疾，今也或是之亡也。古之狂也肆，今之狂也荡；古之矜也廉，今之矜也忿戾；古之愚也直，今之愚也诈而已矣。”

17.17　子曰：“巧言令色，鲜矣仁。”

17.18　子曰：“恶紫之夺朱也，恶郑声之乱雅乐也，恶利口之覆邦家者。”

17.19　子曰：“予欲无言。”子贡曰：“子如不言，则小子何述焉？”子曰：“天何言哉？四时行焉，百物生焉。天何言哉？”

17.20　孺悲欲见孔子，孔子辞以疾。将命者出户，取瑟而歌，使之闻之。

17.21　宰我问：“三年之丧，期已久矣。君子三年不为礼，礼必坏；三年不为乐，乐必崩。旧谷既没，新谷既升，钻燧改火，期可已矣。”子曰：“食夫稻，衣夫锦，于女安乎？”曰：“安。”“女安，则为之。夫君子之居丧，食旨不甘，闻乐不乐，居处不安，故不为也。今女安，则为之！”宰我出。子曰：“予之不仁也！子生三年，然后免于父母之怀。夫三年之丧，天下之通丧也。予也有三年之爱于其父母乎？”

17.22　子曰：“饱食终日，无所用心，难矣哉！不有博弈者乎？为之，犹贤乎已。”

17.23　子路曰：“君子尚勇乎？”子曰：“君子义以为上。君子有勇而无义为乱，小人有勇而无义为盗。”

17.24　子贡曰：“君子亦有恶乎！”子曰：“有恶：恶称人之恶者，恶居下流而讪上者，恶勇而无礼者，恶果敢而窒者。”曰：“赐也亦有恶乎？”“恶徼以为知者，恶不孙以为勇者，恶讦以为直者。”

17.25　子曰：“唯女子与小人为难养也，近之则不孙，远之则怨。”

17.26　子曰：“年四十而见恶焉，其终也已。”

微子篇第十八

18.1　微子去之，箕子为之奴，比干谏而死。孔子曰：“殷有三仁焉。”

18.2　柳下惠为士师，三黜。人曰：“子未可以去乎？”曰：“直道而事人，焉往而不三黜？枉道而事人，何必去父母之邦？”

18.3　齐景公待孔子曰：“若季氏，则吾不能；以季、孟之间待之。”曰：“吾老矣，不能用也。”孔子行。

18.4　齐人归女乐，季桓子受之，三日不朝，孔子行。

18.5　楚狂接舆歌而过孔子曰：“凤兮凤兮！何德之衰？往者不可谏，来者犹可追。已而！已而！今之从政者殆而！”孔子下，欲与之言。趋而辟之，不得与之言。

18.6　长沮、桀溺耦而耕，孔子过之，使子路问津焉。长沮曰：“夫执舆者为谁？”子路曰：“为孔丘。”曰：“是鲁孔丘与？”曰：“是也。”曰：“是知津矣。”问于桀溺。桀溺曰：“子为谁？”曰：“为仲由”。曰：“是鲁孔丘之徒与？”对曰：“然。”曰：“滔滔者天下皆是也，而谁以易之？且而与其从辟人之士也，岂若从辟世之士哉？”耰而不辍。子路行以告。夫子怃然曰：“鸟兽不可与同群，吾非斯人之徒与而谁与？天下有道，丘不与易也。”

18.7　子路从而后，遇丈人，以杖荷蓧。子路问曰：“子见夫子乎？”丈人曰：“四体不勤，五谷不分，孰为夫子？”植其杖而芸。子路拱而立。止子路宿，杀鸡为黍而食之，见其二子焉。明日，子路行以告。子曰：“隐者也。”使子路反见之。至，则行矣。子路曰：“不仕无义。长幼之节，不可废也；君臣之义，如之何其废之？欲洁其身，而乱大伦。君子之仕也，行其义也。道之不行，已知之矣。”

18.8　逸民：伯夷、叔齐、虞仲、夷逸、朱张、柳下惠、少连，子曰：“不降其志，不辱其身，伯夷、叔齐与！”谓：“柳下惠、少连，降志辱身矣，言中伦，行中虑，其斯而已矣。”谓：“虞仲、夷逸，隐居放言，身中清，废中权。我则异于是，无可无不可。”

18.9　大师挚适齐，亚饭干适楚，三饭缭适蔡，四饭缺适秦，鼓方叔入于河，播鼗武入于汉，少师阳、击磬襄入于海。

18.10　周公谓鲁公曰：“君子不施其亲，不使大臣怨乎不以。故旧无大故，则不弃也。无求备于一人！”

18.11　周有八士：伯达、伯适、仲突、仲忽、叔夜、叔夏、季随、季騧。

子张篇第十九

19.1　子张曰：“士见危致命，见得思义，祭思敬，丧思哀，其可已矣。”

19.2　子张曰：“执德不弘，信道不笃，焉能为有？焉能为亡？”

19.3　子夏之门人问交于子张。子张曰：“子夏云何？”对曰：“子夏曰：‘可者与之，其不可者拒之。’”子张曰：“异乎吾所闻：君子尊贤而容众，嘉善而矜不能。我之大贤与，于人何所不容？我之不贤与，人将拒我，如之何其拒人也？”

19.4　子夏曰：“虽小道，必有可观者焉；致远恐泥，是以君子不为也。”

19.5　子夏曰：“日知其所亡，月无忘其所能，可谓好学也已矣。”

19.6　子夏曰：“博学而笃志，切问而近思，仁在其中矣。”

19.7　子夏曰：“百工居肆以成其事，君子学以致其道。”

19.8　子夏曰：“小人之过也必文。”

19.9　子夏曰：“君子有三变：望之俨然，即之也温，听其言也厉。”

19.10　子夏曰：“君子信而后劳其民，未信则以为厉己也。信而后谏，未信则以为谤己也。”

19.11　子夏曰：“大德不逾闲，小德出入可也。”

19.12　子游曰：“子夏之门人小子，当洒扫应对进退，则可矣，抑末也。本之则无，如之何？”子夏闻之，曰：“噫！言游过矣！君子之道，孰先传焉，孰后倦焉？譬诸草木，区以别矣。君子之道，焉可诬也？有始有卒者，其惟圣人乎！”

19.13　子夏曰："仕而优则学，学而优则仕。"

19.14　子游曰："丧致乎哀而止。"

19.15　子游曰："吾友张也为难能也，然而未仁。"

19.16　曾子曰："堂堂乎张也，难与并为仁矣。"

19.17　曾子曰："吾闻诸夫子：人未有自致者也，必也亲丧乎！"

19.18　曾子曰："吾闻诸夫子：孟庄子之孝也，其他可能也；其不改父之臣与父之政，是难能也。"

19.19　孟氏使阳肤为士师，问于曾子。曾子曰："上失其道，民散久矣。如得其情，则哀矜而勿喜！"

19.20　子贡曰："纣之不善，不如是之甚也。是以君子恶居下流，天下之恶皆归焉。"

19.21　子贡曰："君子之过也，如日月之食焉：过也，人皆见之；更也，人皆仰之。"

19.22　卫公孙朝问于子贡曰："仲尼焉学？"子贡曰："文武之道，未坠于地，在人。贤者识其大者，不贤者识其小者。莫不有文武之道焉。夫子焉不学？而亦何常师之有？"

19.23　叔孙武叔语大夫于朝，曰："子贡贤于仲尼。"子服景伯以告子贡。子贡曰："譬之宫墙，赐之墙也及肩，窥见室家之好。夫子之墙数仞，不得其门而入，不见宗庙之美，百官之富。得其门者或寡矣。夫子之云，不亦宜乎！"

19.24　叔孙武叔毁仲尼。子贡曰："无以为也！仲尼不可毁也。他人之贤者，丘陵也，犹可逾也；仲尼，日月也，无得而逾焉。人虽欲自绝，其何伤于日月乎？多见其不知量也。"

19.25　陈子禽谓子贡曰："子为恭也，仲尼岂贤于子乎？"子贡曰："君子一言以为知，一言以为不知，言不可不慎也。夫子之不可及也，犹天之不可阶而升也。夫子之得邦家者，所谓立之斯立，道之斯行，绥之斯来，动之斯和。其生也荣，其死也哀。如之何其可及也？"

尧曰篇第二十

20.1　尧曰："咨！尔舜。天之历数在尔躬，允执其中。四海困穷，天禄永终。"

舜亦以命禹。曰："予小子履，敢用玄牡，敢昭告于皇皇后帝：有罪不敢赦。帝臣不蔽，简在帝心。朕躬有罪，无以万方；万方有罪，罪在朕躬。"周有大赉，善人是富。"虽有周亲，不如仁人。百姓有过，在予一人。"谨权量，审法度，修废官，四方之政行焉。兴灭国，继绝世，举逸民，天下之民归心焉。所重：民、食、丧、祭。宽则得众，信则民任焉，敏则有功，公则说。

20.2　子张问于孔子曰："何如斯可以从政矣？"子曰："尊五美，屏四恶，斯可以从政矣。"子张曰："何谓五美？"子曰："君子惠而不费，劳而不怨，欲而不贪，泰而不骄，威而不猛。"子张曰："何谓惠而不费？"子曰："因民之所利而利之，斯不亦惠而不费乎？择可劳而劳之，又谁怨？欲仁而得仁，又焉贪？君子无众寡，无小大，无敢慢，斯不亦泰而不骄乎？君子正其衣冠，尊其瞻视，俨然人望而畏之，斯不亦威而不猛乎？"子张曰："何谓四恶？"子曰："不教而杀谓之虐；不戒视成谓之暴；慢令致期谓之贼；犹之与人也，出纳之吝谓之有司"。

20.3　孔子曰："不知命，无以为君子也；不知礼，无以立也；不知言，无以知人也。"

于丹是我的师姐，也是我的老师。1995 年，我刚到北京师范大学中文系读书时，于丹正在艺术系任教。在校时，我常听艺术系的同学谈起于丹，但一直没见过。后来我从事出版工作，于老师也因为在《百家讲坛》的精彩讲演，成了被整个出版行业追捧的明星作家，这才有了真正的交集。于老师出于对我的信任，将她 2012 年为中央电视台春节特别讲座《丹韵词音》所写作的原稿交给磨铁图书策划出版，名为《于丹：重温最美古诗词》。

对我而言，于丹畅销书作家的身份固然重要，但母校老师的身份更让我不敢有丝毫怠慢。为了做好于丹新书的出版工作，我又重读于丹在《百家讲坛》热播时期出版的三本最重要的图书：《于丹〈论语〉心得》《于丹〈论语〉感悟》和《于丹〈庄子〉心得》。距离《百家讲坛》时期的那种全民于丹热，已经过去五六年了，这时的阅读，恐怕也才更能读出真实的味道，因此感触良深。

于丹讲《论语》也好，讲《庄子》也好，为什么能讲得那么亲切，能有那么高的收视率和图书销量？我在当年看《百家讲坛》时，曾经将此归功于于丹的演讲能力。还曾表达过这样一个看法：《百家讲坛》的成功，是教师这个行业的胜利，是高校里讲课讲得好的教师们千锤百炼的讲课艺术的胜利。但再读于丹这几本书时，有了更真切的阅读感受，才意识到当年这一看法的偏颇。之所以于丹能把《论语》和《庄子》讲得那么亲切和生动，是因为于丹心中装着一个鲜活的孔子，一个鲜活的庄子。她在书中，真是做到了把孔子和庄子还原成了真实的人。我尤其喜欢于丹对《论语》的阅读体会，她反复强调《论语》的朴素和温暖，她在书中讲述了一个朴素而温暖的孔子。

《于丹〈论语〉心得》也好,《于丹〈论语〉感悟》也好，都只是心得和感悟，并不是学术研究，是作为一个人在体会另一个人，是于丹在体会孔子的体温，从孔子的言论里，体会孔子这个人。与其说《论语》是朴素和温暖的，不如说孔子是朴素和温暖的。什么是朴素？朴素就是坚持最根本的道理。什么是温暖？温暖就是对这个世界有爱，对人有爱，对生活有爱。于丹的这种对孔子的还原，于我心有戚戚焉。也正是这种将孔子还原成一个朴素和温暖的人的感悟和心得，才会让读者读起来觉得生动和亲切，觉得自己的人生可以遵循《论语》中所说的那些根本的为人道理。更何况于丹在书中还几乎尽了最大努力，试图做到深入浅出，将《论语》中那些根本的道理尽量还原到现代人的日常生活情景中。

同样，于丹对《庄子》的阅读，也是贴着庄子这个人而生发感受。所以在她的笔下，庄子是一个充满人生进取心的人，只不过庄子的追求，并非常人所追求的功名利禄，而是在追求精神的自由，追求对人生的超越，追求思想和真理。在于丹看来,《庄子》一书中，之所以很多时候在讨论生死问题时，都显得那么坦然、天真，将生死视为一体，视为自然，是因为庄子理解生命的本质，尊重和热爱活着的过程，并相信和追求精神之自由和无垠。庄子在《秋水》中说“往矣，吾将曳尾于涂中”，普遍的解释当然都是，宁可拖着尾巴活在烂泥中，也不愿意装模作样，失去自由地站在朝堂上。而于丹却从中读出了“曳尾于涂中”另一重意思：哪怕是拖着尾巴活在烂泥中，毕竟也是自由地活着啊。于丹读出了庄子对自由的渴望，也读出了庄子对活着和生命本身的尊重和热爱。我也很喜欢于丹这样的心得和体会。

《论语》是儒家思想的发源，《庄子》是道家思想的发端之一。因此中国人在谈到《论语》和《庄子》时，几乎同时也在指称儒家和道家。中国人没有普遍信奉的宗教，儒家思想和道家思想代替宗教，构成了几千年来中国人的基本人生哲学。对于中国一代代知识分子而言，他们的人生态度往往非儒即道，时儒时道，儒道交融……但儒家也好，道家也好，都是经过后世无数知识分子的各种解读、注述和集成，而形成了复杂广大的思想体系。有时我们在讲“儒”时，还能回到《论语》的朴素和温暖吗？我们在讲“道”时，还能感受到庄子对真理的追求和对自由精神的向往吗？

我还想起了中国历史上最伟大的两个诗人：杜甫和李白。杜甫苦难的一生中，有一种大天真，一种对世界，对生活，对人的根本的热爱，这种热爱，令他即使活在泥淖里，活在哀号中，活在惨烈中，也是一种有温度的，有人生进取心的，有内心根本的活着，最好的那个杜甫是“儒”的！而李白对超拔精神的追求，对自由意志的追求，又岂是“未就丹砂愧葛洪”式的求仙问道可以概括的？他真是“逍遥游”的信徒，追求的是更超拔的，更无拘的精神遨游式的活着，最好的那个李白是“道”的！一个孔子，一个庄子；一个杜甫，一个李白，几乎是传统中国人的基本灵魂构造。

正是因为有了这样一些对于丹前述几本书的阅读感受，当我得知于丹老师的《于丹〈论语〉感悟》和《于丹〈庄子〉心得》这两本书的版权即将到期时，我再次找到于老师，提出了一个想法，由磨铁图书来完成这两本书的再版工作。感谢于丹老师，再次选择了对我的信任。

磨铁图书　沈浩波